# Jeitos de Crer

## Buscando Deus

4º ano

Ensino Fundamental

**Dora Incontri**

*Jornalista, mestre, doutora e pós-doutora em História e Filosofia da Educação pela USP. Autora e editora, professora da pós-graduação da Unisanta (Universidade Santa Cecília).*

**Alessandro Cesar Bigheto**

*Pedagogo, mestre em História da Educação pela Unicamp, membro do grupo de pesquisa Histedbr (Unicamp), autor e professor de filosofia.*

editora ática

**Gerente Editorial**
Márcia Takeuchi

**Editor**
Luiz Tonolli

**Coordenação da edição e edição de texto**
Samir Thomaz

**Preparação de texto**
Cláudia Cantarin

**Revisão**
Hélia de Jesus Gonsaga (ger.)
Kátia Scaff Marques (coord.)
Daniel de Febba Santos
Maurício Baptista Vieira

**Pesquisa iconográfica**
Sílvio Kligin (superv.)
Jaime Yamane

**Edição de arte**
Margarete Gomes Rivera (superv.)
André Vitale

**Programação visual**
André Vitale
Liliam Lungarezi

**Editoração eletrônica**
André Vitale
Liliam Lungarezi

**Ilustrações**
Paulo Brabo (Têmpera Editora)
Camila Godoy



1ª edição
2ª impressão

Impressão e Acabamento
Corprint Gráfica e Editora Ltda.

Cód. de obra CL 736130

ISBN 978-85-08-12175-5 (aluno)
ISBN 978-85-08-12176-2 (professor)


Av. Otaviano Alves de Lima, 4400 – 5º andar e andar intermediário Ala A
Freguesia do Ó – CEP 02909-900
São Paulo – SP
Tel.: 0800 115152 – Fax: 0(XX)11 3990-1616
www.atica.com.br
editora@atica.com.br

# Apresentação

As histórias que vocês lerão neste livro se passam em algum lugar do Brasil, numa escola muito diferente, chamada Escola da Tia Sofia. As crianças que vocês vão encontrar aqui são crianças iguais a todas. Mas como estudam na Escola da Sofia, elas fazem o que outras crianças não têm oportunidade de fazer.

É que, na Escola da Tia Sofia, elas podem escolher o que estudar, o que pesquisar, o que discutir. Os professores não ensinam, só ajudam os alunos a aprender por eles mesmos. Não há salas de aula com lousa e carteiras. Contam que na Escola da Tia Sofia há salas cheias de objetos interessantes, como livros, computadores com internet, quadros, aparelho de DVD, material para fazer arte, e que, do lado de fora, há jardins floridos, com árvores frutíferas. Tudo é muito bonito, colorido, arrumado. E dizem também que fatos mágicos acontecem nessas salas especiais. Nós vamos ver se isso é mesmo verdade.

Nessa escola, há uma turma muito simpática, com crianças de idades diferentes, que se reúne para estudar temas interessantes. Quando começam a conversar e a pesquisar, muita coisa acontece. Os assuntos são variados, porém sempre têm a ver com religião. Não uma religião, mas várias. Esses alunos querem saber de tudo, fuçam tudo quanto é religião do mundo, tudo quanto é ideia, tudo quanto é cultura. São uns meninos danados de curiosos!

Eles se chamam Mirela, Bantinho, Uirá, Muhamed, Davi e Susi. Como bons brasileiros, descendem de povos diferentes, mas se dão muito bem, porque se respeitam e se gostam! E você também vai gostar deles.

Boa diversão e bom aprendizado!

ESCOLA DA
Tia Sofia

# Sumário

# Conheça o seu livro

Ao longo de cada volume, você encontrará vinhetas que indicam atividades específicas do livro. Fique atento a elas e bom estudo!

**Pinte o sete!** Espaço em branco para que você faça um desenho sobre algum assunto do livro.

**Vamos conversar!** Aqui você responde a perguntas específicas do capítulo com suas próprias palavras.

**Assista a um filme!** Alguns filmes relacionados aos assuntos tratados no capítulo são indicados nesta seção.

**Resumo da conversa**

Neste espaço você faz um resumo de suas conclusões sobre os temas discutidos no capítulo.

**Cante com a gente!**

Aqui você tem a letra de uma canção.

Indica que um determinado conteúdo está disponível no *site* da Ática (www.atica.com.br/jeitosdecrer), com uma abordagem mais aprofundada.

# Onde está Deus?

1

Nossos amigos Mirela, Bantinho, Uirá, Davi, Susi, Muhamed e Carol voltaram para a escola com novo entusiasmo depois das férias. Também, pudera! Eles descobriram que estavam fazendo parte de um livro cujos autores, Dora e Alessandro, prometeram continuar em contato, mandando cartas e *e-mails* para as crianças e as visitando de vez em quando na Escola da Tia Sofia.

– Gente! – disse Muhamed. – Nós temos conversado tanto e pesquisado tanto sobre as religiões, só que até agora quase não procuramos nada sobre Deus!

– É verdade – respondeu Carolzinha. – Eu queria saber mais sobre Deus!

– Vamos mandar um *e-mail* para a Dora e o Alessandro e combinar com eles de fazermos pesquisas sobre Deus neste livro! – propôs Mirela.

– Ótimo! – concordaram todos.

E assim, escreveram o seguinte:

Queridos amigos autores,

Estamos curiosos para descobrir mais a respeito de Deus. Deus realmente existe? Se existe, onde Ele está? Quem é Ele? São muitos deuses ou um só? Gostaríamos de procurar Deus neste livro. O que vocês acham? Aceitam o desafio?

Turma da Escola da Tia Sofia

As crianças estavam ansiosas à espera de notícias dos autores. No dia seguinte, quando chegaram à sala, foram logo ao computador, entraram na internet e ficaram radiantes ao ler a resposta:

Queridos amigos!

Que saudades!

Logo iremos visitá-los!

O assunto que vocês escolheram é dificílimo, mas também maravilhoso!

Deus existe? Onde Ele está? É o que vocês terão de descobrir!

Quem é Ele? Vocês é que vão dizer!

São muitos deuses ou um só? Há religiões politeístas — que acreditam em muitos deuses — e há religiões monoteístas — que acreditam em um só Deus. Porém, mesmo as religiões politeístas têm sempre um deus que é maior do que todos — por exemplo, Zeus entre os deuses gregos, ou Olorum entre os deuses africanos.

E há ainda aqueles que não aceitam a existência de nenhum deus. Eles são chamados de ateus.

Aceitamos o desafio! Mãos à obra! Vai ficar um livro lindo: Buscando Deus!

E onde vamos buscá-lo? Em todas as culturas, em todas as religiões, entre todos os povos... Vamos viajar pelo mundo, receber algumas visitas e conhecer várias crenças, várias celebrações religiosas, várias pessoas que falam de Deus. Com certeza vai ser muito interessante!

Beijos,

Dora e Alessandro

## Palavras para aprender: politeísmo, monoteísmo e ateísmo

- Procure no dicionário o significado de cada uma dessas palavras e o registre aqui.

As crianças estavam contentíssimas. O ano prometia ser muito bom! Imaginem só, viajar pelo mundo! E as visitas que receberiam então! De quem seriam? Como já estavam acostumados com as mágicas da Escola da Tia Sofia, não estranharam a promessa dos autores.

Mas logo Davi levantou uma questão: como iriam viajar pelo mundo, mesmo de forma mágica, sem saber outras línguas? Em cada lugar se fala uma língua diferente!

– Olhem! – disse Susi. – Achei dois textos interessantes sobre o assunto.

## As línguas do mundo

Alguma vez você já parou para pensar que os seres humanos precisam da linguagem para se comunicar? Os bilhões de pessoas de um canto ao outro do mundo só podem conversar, escrever para os entes queridos, trocar *e-mails*, porque existem línguas que permitem a comunicação entre elas. No mundo, existem em torno de 7 mil idiomas. São tantos que seria impossível aprender todos eles!

Você sabe qual é a língua mais falada no mundo hoje, em meio a tantos idiomas? Pesquisas mostram que é o inglês, seguido pelo mandarim, usado na China, pelo híndi, o principal idioma da Índia, e pelo espanhol. O português está em oitavo lugar.

Há línguas que são muito, muito antigas – algumas já nem são mais faladas, como o sânscrito e o latim. Algumas dessas línguas antigas se transformaram em novas línguas. É o caso do indo-europeu e do grego, das quais deriva o latim, o qual deu origem, por exemplo, ao espanhol, ao português, ao francês, ao italiano, ao romeno, entre outras. Tais línguas são conhecidas como neolatinas.

# *Belas vidas: O médico que inventou uma língua*

GERARD SIOEN / RAPHO / OTHER IMAGES

Białystok, na Polônia, cidade onde nasceu Lejzer Ludwik Zamenhof.

Imagine você viver numa pequena cidade do interior, onde se falam quatro idiomas diferentes – russo, alemão, polonês e iídiche – e onde vivem pessoas de quatro nacionalidades, com costumes e religiões diferentes. Seus amigos têm jeitos diferentes de se vestir, de falar e de brincar. Isso poderia ser maravilhoso, porém infelizmente não foi assim com Ludwik Zamenhof, que vivia numa cidade como essa, na Polônia, onde nasceu em 1859. Mas por quê?

Em vez de tentar aprender a língua do amigo, cada um queria que o outro aprendesse a sua; em vez de conhecer a religião do amigo, cada um queria obrigar o outro a se converter à sua; em vez de aprender os costumes e a cultura do amigo, cada um queria que os outros aprendessem a sua... Resultado: brigas e desavenças, e o fim de muitas amizades!

Zamenhof sofria muito com tudo isso e aos seis anos começou a pensar em como resolver esse problema. Ele achava que, em primeiro lugar, as pessoas deviam falar uma língua que fosse entendida por todos. Mas como ela seria? Cada um considerava a própria língua a melhor, o que tornava a questão insolúvel. Que fazer? Um sorteio resolveria? Não, até porque muitos podiam não concordar e quem perdesse talvez não quisesse estudar uma outra língua. Havia, além da famosa preguiça de estudar, o orgulho por se achar melhor. Foi aí que Zamenhof teve uma grande ideia: criar uma língua nova e fácil, muito fácil mesmo, para todo mundo aprender.

Porém, como se inventa uma língua? Eis a questão!

Ele tinha uma ideia: estudar muitas línguas, conhecer a gramática de cada uma e daí "montar" uma língua nova, novinha. Imagine que trabalhão! Mas se Zamenhof conseguisse, imagine que legal! Aprender uma língua fácil, com a qual dá para conversar com todo mundo!

E ele pôs a mão na massa. Quando estava no quinto ano escolar, começou a estudar inglês, e depois francês, alemão, latim e grego, além de russo e iídiche, que era uma língua falada pelas comunidades judaicas da Europa Central e Oriental.

Com dezenove anos Zamenhof tinha conseguido! Por isso fez uma festa com alguns amigos do colégio para comemorar. Só que seu pai não entendia o que ele estava fazendo (às vezes os pais não entendem as melhores ideias!), achava que tudo era besteira e exigiu que o filho fosse estudar medicina em Moscou. O rapaz concordou e pensou que mais tarde colocaria em prática a segunda parte do plano, que consistia em ensinar a língua para todo mundo.

No entanto, algo inacreditavelmente triste aconteceu. Quando ele voltou para visitar os pais nas férias, não encontrou os papéis (na época não existia nem computador, nem xérox) onde registrara a língua neutra universal. Desesperado, Zamenhof perguntou à sua mãe o que havia acontecido, e ela nada falou, apenas chorou. Ele entendeu. Seu pai ateara fogo em tudo! Que fazer? E se fosse com você?

Zamenhof tinha 22 anos e resolveu começar tudo de novo, refazer tudo, e quem sabe até de uma maneira melhor. Será que conseguiria de novo? Conseguiu. Depois de seis anos!

Zamenhof, o inventor do esperanto.

ARQUIVOS DA UNIVERSIDADE DE EAST ANGLIA, REINO UNIDO

E agora, como divulgar essa língua? O jovem não tinha dinheiro para publicar um livro com a nova língua, à qual deu o nome de *esperanto*. Foi então que o pai de sua namorada pagou a publicação. Daí em diante o esperanto tornou-se cada vez mais conhecido – hoje são 6 milhões de pessoas em todo o mundo que o falam, e um dia, quem sabe, todos nós o falaremos.

(Carlos Luiz, *Revistinha Eletrônica*, ano I, nº 1, agosto/setembro de 2007. Associação Brasileira de Pedagogia Espírita, Bragança Paulista. Texto adaptado.)

Estas eram as quatro nacionalidades, as quatro religiões e as quatro línguas presentes em Białystok, cidade de Zamenhof:

| Nacionalidade | Religião | Língua |
|---|---|---|
| judeus | judaísmo | iídiche |
| russos | Igreja ortodoxa russa | russa |
| poloneses | catolicismo | polonesa |
| alemães | protestantismo e catolicismo | alemã |

Ver no *Dicionário das religiões*, na página 134:
judaísmo, Igreja ortodoxa, catolicismo, protestantismo.

– Que coisa interessante! – disse Davi. – Adorei a ideia do esperanto. Se aprendêssemos a falar essa língua, poderíamos viajar pelo mundo inteiro e sempre encontraríamos pessoas com quem conversar.

As crianças então decidiram fazer um curso de esperanto. Na Escola da Tia Sofia era assim: se os alunos quisessem aprender qualquer assunto, podiam pedir e a escola arranjava os professores.

# O salmo 23

O primeiro encontro que a turma de Mirela teve com a ideia que os homens faziam de Deus naquela pesquisa foi um salmo da Bíblia, que eles aprenderam em português e em esperanto. Esse salmo foi feito pelo rei Davi, um rei pastor que escreveu preces belíssimas. Tanto judeus como cristãos oram os salmos. Zamenhof era judeu e ele mesmo traduziu o salmo 23 para o esperanto.

■ *Leia o salmo 23 em esperanto e o ouça no CD.*

## Psalmo 23

La Eternulo estas mia paŝtisto;
mi mankon ne havos.
Sur verdaj herbejoj Li ripozigas min,
apud trankvilaj akvoj Li kondukas min.
Li kvietigas mian animon;
Li kondukas min laŭvojo de la vero, pro Sia nomo.
Eĉ kiam mi iros tra valo de densa mallumo,
mi ne timos malbonon, ĉar Vi estas kun mi;
Via bastono kaj apogiĝilo trankviligos mim.
Vi kovras por mi tablon antaŭ miaj malamikoj;
Vi ŝmiris per oleo mian kapon, mia pokalo estas plenigita.
Nur bono kaj favoro sekvos min
en la dauro de mia tuta vivo;
kaj mi restos en la domo de la Eternulo eterne.

# Salmo 23

O Senhor é meu Pastor,
Nada me faltará.
Faz-me deitar-me em verdes relvas,
Leva-me mansamente a águas tranquilas!
Refresca minha alma.
Conduz-me pelas estradas da justiça,
Por amor ao seu nome.
Ainda que eu andasse pelo vale da sombra e da morte,
Eu não teria medo de nenhum mal!
Porque tu estás comigo!
Teu cajado me consola e me protege!
Preparas-me uma mesa diante de meus inimigos,
Perfumas minha cabeça
E enches o meu copo!
O amor e a bondade seguirão
todos os dias da minha vida,
E vou morar na casa do Senhor
Por longos dias.

(Salmo 23, adaptado para fins didáticos.)

## Vamos conversar!

- Há muitos povos, muitas línguas, muitas religiões no mundo. Como você pensa que todos devem se tratar? Não é bom aprendermos uns com os outros?

- Zamenhof criou uma língua unificadora. E você, que sugestão daria para melhorar a comunicação entre os povos?

## Resumo da conversa

Registre aqui as ideias discutidas em sala de aula.

## Faça de conta...

- ... que na sua classe há pessoas vindas de diferentes partes do mundo e que um não sabe a língua do outro. Que tal vocês tentarem se entender por gestos?

## Você pode...

- ... reunir-se com seus amigos de classe para orar. Cada um pode ler uma linha do salmo 23, na página 19, enquanto os outros fazem silêncio e oram com o coração. Você também tem a opção de não rezar, se não sentir vontade.

## Pinte o sete!

Releia o salmo 23, na página 19, e desenhe o que achou de mais bonito nele. Vale desenhar, pintar com lápis, tinta ou giz, fazer colagem, mosaico, tudo o que a sua imaginação pedir, com os materiais que você escolher!

# Deus tem mãe?!

## 2

Depois de alguns dias, a turma da Escola da Tia Sofia teve uma surpresa incrível. Quando entraram na sala de manhã, deram de cara com os autores do livro, Dora e Alessandro, e mais uma pessoa. Era um rapaz bem branco, bem loiro, alto, sorridente, que não falava português.

– *Bonan tagon*! – disse ele.

– Ah, já sei! – gritou Davi. – *Bonan tagon* é bom dia em esperanto!

– Você é nosso professor de esperanto? – perguntou Carol.

– *Jes*! – disse ele, palavra que se pronuncia "ies".

Todos entenderam o que ele estava dizendo e ficaram radiantes. As crianças correram para abraçar Dora, Alessandro e o novo professor.

Dora disse:

– Nosso amigo Pchemek veio da Polônia especialmente para nos ajudar em nossa pesquisa. Ele vai ensinar o esperanto para vocês e também pode acompanhá-los em algumas de suas viagens pelo mundo.

– O Pchemek vai ficar agora com vocês porque nós precisamos ir embora para escrever o livro! – completou Alessandro, se despedindo.

Pchemek foi logo mostrando para as crianças várias fotos da Polônia. Interessadas, elas procuraram a localização desse país no mapa. Imaginem! A turma tinha um professor de esperanto vindo exatamente da Polônia, a terra de Zamenhof!

GERARD SIOEN / RAPHO / OTHER IMAGES

Foto da cidade polonesa de Cracóvia.

Sentaram-se todos em volta dele e começaram a aprender esperanto, com músicas, poesias e brincadeiras.

# Cante com a gente!

- Uma das músicas que a turma aprendeu foi esta canção de ninar, interpretada pelo grupo Kajto.

## Dormu Milde

Suno moŝta post minuto,
Diafana gemrubeno,
Riverencos kun saluto
Al la nokta suvereno.
Luno brila el sateno
Jam arĝenta en ĉielo.
Ĉio mutas en sereno.
Dormu milde, brilas stelo.
Infanetoj dum balbuto
Time ploras sen ĉagreno.
Trankviligas ilin fluto
Kaj fabelo pri delfeno.
Kaj malantaŭ la kurteno
Kvankam regas la malhelo,
Ili kuŝas sur kuseno.
Dormu milde, brilas stelo.

Nek diskuto, nek disputo,
Foren pluas la promeno
En kupeo aŭ kajuto
Trans la montoj ĝis haveno.
Morgaŭ floros la mateno,
Belos kiel akvarelo,
Sed silente nun sen ĝeno
Dormu milde, brilas stelo.

Um mês se passou desde o primeiro encontro de Pchemek com as crianças, e elas já sabiam falar muitas coisas em esperanto, porque essa língua é assim: tão fácil que se aprende bem rápido.

Estavam todos conversando quando Mirela disse:

– Agora já podemos viajar pelo mundo, conversando em esperanto... Queria perguntar uma coisa a você, Pchemek. Qual é a principal religião na Polônia?

– No meu país – respondeu ele, que já estava falando um pouco de português –, a maioria das pessoas é católica. E os católicos poloneses rezam muito para Nossa Senhora de Czestochowa, que é a padroeira da Polônia.

GERARD SIOEN / RAPHO / OTHER IMAGES

Retrato de Nossa Senhora de Czestochowa.

## Palavras para aprender: padroeiro

- Procure no dicionário o significado dessa palavra e o escreva aqui.

______________________________________________

______________________________________________

______________________________________________

## Você pode...

- ... fazer uma pesquisa e descobrir quem é a padroeira do Brasil, para os católicos.

– E você, Pchemek, é católico também? – quis saber Bantinho.

– Não, eu sou espírita. Mas há pouquíssimos espíritas na Polônia. No Brasil, os espíritas são muitos – estão em terceiro lugar em número, depois dos católicos e dos evangélicos. No meu país, porém, somos apenas meia dúzia de pessoas.

*Ver no Dicionário das religiões*, na página 134: *espiritismo*.

Mirela então propôs:

– Tem muitas coisas sobre Nossa Senhora que eu gostaria de saber... Ela substitui Deus? Já ouvi alguém dizer que ela é a mãe de Deus. Mas Deus tem mãe? Vamos pesquisar?

Assim que Mirela fez a proposta de pesquisa, a turminha percebeu que havia chegado um *e-mail* da Dora, esclarecendo algumas dúvidas das crianças:

Queridinhos,

Nossa Senhora é Maria de Nazaré, a mãe de Jesus. Ela é muito amada pelos cristãos, principalmente pelos católicos e ortodoxos. Os cristãos protestantes ou evangélicos não rezam para Maria, apesar de a respeitarem. Os muçulmanos, embora não sejam cristãos, também gostam dela. No Alcorão (o livro sagrado do islamismo), há trechos sobre Maria e sobre Jesus.

Muita gente a chama de “mãe de Deus”, mas Deus realmente não tem mãe, porque Ele nunca nasceu e sempre existiu. Ninguém criou Deus. Ele existe eternamente.

NOSSA SENHORA DE PARIS

Mas, para a maioria dos cristãos, Deus veio ao mundo na pessoa de Jesus. Então, Jesus é Deus feito em carne e osso – e, se Maria é mãe de Jesus, então se fala que ela é mãe de Deus, e igualmente mãe da humanidade.

NOSSA SENHORA DE FÁTIMA

Por que será que Maria é definida por tantos nomes – Nossa Senhora de Aparecida, Nossa Senhora de Paris, Nossa Senhora de Lourdes, Nossa Senhora de Fátima, entre outros? São mais de 150 nomes! É que em cada lugar que ela aparece (conta-se que Maria já apareceu para muita gente, em muitos países) ou por causa de cada figura pela qual é lembrada, ela recebe um nome diferente, mas é sempre a mesma Maria!

NOSSA SENHORA DE LOURDES

Um beijinho,

Dora

P.S.: Se vocês fecharem os olhos e se concentrarem, poderemos fazer nossa primeira viagem! Vamos ao México, para conhecer Nossa Senhora de Guadalupe.

NOSSA SENHORA DE GUADALUPE

*Ver no Dicionário das religiões, na página 134: islamismo.*

Antes de darem início a essa viagem, Pchemek os aconselhou a fazer uma pesquisa sobre o México. Foi o que Susi fez. Vejam o que ela descobriu:

## Roteiro de viagem

### Visita ao México

As terras do México foram povoadas por povos antigos, como os maias, os astecas e os toltecas, que eram agrícolas, mas construíram pirâmides e inventaram o calendário. Os nativos que viviam naquelas terras foram massacrados pelos espanhóis que chegaram ao México em 1519. Nessa época, os astecas compunham a civilização mais importante. Os espanhóis os destruíram e passaram a dominar o México. O grande responsável por essa destruição foi um homem chamado Hernán Cortés. A partir disso, o país tornou-se uma colônia, explorada pela Espanha. Em 1810, o México se libertou, entretanto o mundo só reconheceu a sua liberdade em 1821.

Hoje um país independente, sua capital é a Cidade do México. O idioma oficial é o espanhol ou castelhano, mas também são reconhecidas como idiomas nacionais 62 línguas indígenas.

Fonte: Adaptado de *Atlas Geográfico Escolar*. Rio de Janeiro, IBGE, 2007.

## A cultura e a religião dos astecas

AFP / GETTY IMAGES

*Pedra do Sol* (c. 1324-1521), também conhecida como *Calendário asteca.*

Conta-se que os astecas eram muito corajosos. Comandados por um imperador e chefe dos exércitos, eram destemidos guerreiros. Sua sociedade era formada por militares, sacerdotes, camponeses, artesãos e trabalhadores, aos quais cabia construir estradas, canais de irrigação, templos e pirâmides. Eles pintavam tecidos e tinham um artesanato muito rico, além de objetos de ouro e prata.

A religião asteca era politeísta, isto é, acreditava-se em diversos deuses, sobretudo os da natureza: o deus Sol, o deus Lua, o deus Trovão e o deus Chuva. Existiam ainda deuses guerreiros e uma deusa principal, representada por uma serpente. Os sacerdotes da religião eram astrônomos e astrólogos e, entre seus deveres principais, estava o de contemplar o céu e estudar o movimento dos astros.

ROBERT HARDING/WORLD IMAGERY / GETTY IMAGES

Pirâmides astecas em Teotihuacán, norte do México, séculos II ao V.

## Viajando pelas cores...

- Entre no *site* www.atica.com.br/jeitosdecrer e veja imagens da arte produzida pelos astecas!

## Aumente o que você sabe!

- Pesquise mais sobre o México e sobre os astecas e exponha o que você aprendeu para os seus amigos.

As crianças se apressaram em fechar os olhos e convidaram Pchemek para acompanhá-las, porém ele disse que dessa vez não iria.

Assim foi. Quando voltaram a abrir os olhos, estavam numa praça imensa, tendo ao fundo uma igreja. O lugar estava tomado por uma multidão, e todos estavam cantando uma bonita música para Maria.

– Nossa! – disse Muhamed. – Como é bonita a fé do povo!

– A gente até sente uma emoção, vendo uma multidão dessa rezando! – comentou Bantinho.

Logo eles perceberam por que não precisavam de Pchemek: é que as pessoas ali falavam uma língua muito parecida com o português, uma que eles até já sabiam um pouco: o espanhol.

Uma linda menina morena, de cabelos bem pretos, se aproximou deles e se apresentou:

– *¡Hola!*, eu me chamo Juanita. Vocês gostariam de conhecer a história da Virgem de Guadalupe? Ela é a protetora das Américas!

– Claro que queremos! – responderam todos.

– Tudo começou com a matança de muitos índios pelos espanhóis. Um dia, um índio chamado Juan Diego, que já tinha se tornado cristão, estava andando por uma estrada. Maria apareceu no caminho dele, toda vestida de luz, e disse que era “aquela que expulsou os que nos matavam”. Então Maria pediu que Juan fosse dizer ao bispo que ela tinha aparecido.

– E o bispo acreditou?

– Acreditou nada! Mas, no dia seguinte, Maria curou um parente do bispo e mandou que Juan Diego levasse para ele flores num manto. Quando Juan abriu o manto para o bispo, caíram as flores, mas nele também estava impressa a imagem de Nossa Senhora – que está aqui nesta igreja até hoje!

– Que bela história! – comentou Uirá.

As crianças caminharam no meio da multidão, guiadas pela pequena Juanita. Em seguida, entraram na igreja e foram admirar o manto de Juan Diego de perto. Era uma imagem tão suave!

Quando estavam bem pertinho da imagem de Nossa Senhora, se viram de repente de volta à Escola da Tia Sofia.

– Eu adorei o México! – comentou Davi.

– Eu também, eu também! – as crianças diziam.

– Eu gostei muito da ideia de a gente orar para Maria – disse Mirela, que logo emendou uma pergunta para Pchemek:

– Os espíritas rezam para Maria?

– Alguns sim, outros não – respondeu ele. – Para os espíritas, Jesus não é Deus, mas um espírito muito iluminado que veio à Terra, e, como ele, sua mãe também é uma pessoa especial. Então, os espíritas pedem ajuda e proteção para qualquer espírito bom e muitos amam Maria do mesmo jeito que os católicos. Só que no espiritismo não há imagens. Só oramos com a imagem no pensamento!

JUAN BARRETO / AFP / GETTY IMAGES

Homem toca imagem da Virgem de Guadalupe, na Basílica de Guadalupe, no México.

# Cante com a gente!

## Maria de Nazaré

Maria de Nazaré, Maria me cativou
Fez mais forte a minha fé
E por filho me adotou
Às vezes eu paro e fico a pensar
E sem perceber, me vejo a rezar
E meu coração se põe a cantar
Pra Virgem de Nazaré
Menina que Deus amou e escolheu
Pra mãe de Jesus, o Filho de Deus
Maria que o povo inteiro elegeu
Senhora e Mãe do Céu.

Ave Maria!
Ave Maria!
Ave Maria, Mãe de Jesus!

Maria que eu quero bem,
Maria do puro amor
Igual a você, ninguém
Mãe pura do meu Senhor
Em cada mulher que a terra criou
Um traço de Deus Maria deixou
Um sonho de Mãe Maria plantou
Pro mundo encontrar a paz
Maria que fez o Cristo falar
Maria que fez Jesus caminhar
Maria que só viveu pra seu Deus
Maria do povo meu!

(Pe. Zezinho, SCJ)

## Vamos conversar!

Com grande respeito pelo que os colegas pensam, converse com eles e com seu(sua) professor(a) sobre os seguintes assuntos:

- Você tem uma religião? Se sim, gostaria de dizer qual é? Se não, sente falta de ter uma?
- Na religião que você e sua família seguem, as pessoas oram para Maria?
- Na sua religião existem imagens?

## Resumo da conversa

Registre aqui o que você achou mais importante na conversa que teve com seus amigos.

# Deus, o profeta e o filósofo

3

No dia seguinte, as crianças já estavam animadas para mais uma viagem. Desta vez, Pchemek disse que iria junto.

– Eu já recebi o roteiro da Dora e do Alessandro... – falou ele em esperanto, para as crianças exercitarem.

– E aonde vamos? – perguntou Davi, também em esperanto.

– Vamos para Meca! Mas vamos porque é uma viagem mágica, porque na verdade nenhuma pessoa que não seja muçulmana pode visitar essa cidade!

– Meca?! – a turma perguntou em conjunto, admirada. Afinal, nem imaginavam onde ficava esse lugar.

Muhamed, no entanto, esclareceu a dúvida dos amigos.

– Meu avô já me contou de sua peregrinação a Meca, na Arábia Saudita – falou Muhamed, suavemente. – Todo muçulmano tem que fazer pelo menos uma vez na vida uma viagem a Meca, onde fica a Caaba.

– O que é a Caaba?

– Nós vamos ver! – respondeu Pchemek. – Vamos fechar os olhos bem apertados?

Depois de alguns instantes, estavam todos no meio de uma multidão sem fim. O mais interessante é que, como todas aquelas pessoas, as crianças também estavam vestindo túnicas árabes! Logo encontraram Kalil, um amigo de Pchemek, que, por sorte, falava esperanto. Muhamed, o único da turma que já ouvira árabe, conhecia apenas algumas poucas palavras.

– O que está acontecendo aqui? – perguntou Mirela.

– Toda essa gente que vocês estão vendo veio fazer sua visita a Meca, a terra do profeta Muhamed, por vocês chamado de Maomé – respondeu Kalil.

As crianças e Pchemek seguiam Kalil, que lhes dava mais explicações.

– Meca é a cidade natal do profeta. Para nós, muçulmanos, ela é a cidade mais sagrada do mundo. Segundo o *Alcorão*, temos de cumprir cinco deveres: dar o testemunho de nossa fé, afirmando que acreditamos em Deus e no seu profeta; orar cinco vezes ao dia voltando-nos na direção da cidade sagrada; jejuar um mês por ano; praticar a caridade e peregrinar até Meca. Vocês estão vendo aquela grande mesquita ali? Lá dentro está a Caaba! A Caaba, que significa "cubo", é coberta por um manto negro que contém inscrições bordadas em ouro. Dentro da Caaba está a rocha sagrada que, conta a tradição, caiu do céu. A rocha, que era branca, ficou negra ao absorver os pecados dos homens. Olhem só: os peregrinos devem dar sete voltas ao redor da Caaba e depois beijar a pedra sagrada.

REUTERS / ALI JAREKJI / LATINSTOCK

Lugar onde os muçulmanos veneram o profeta Maomé, na cidade de Meca.

## Palavras para aprender: profeta e mesquita

- Procure no dicionário o significado dessas palavras e registre-o aqui.

___

___

___

___

A turma ficou sem fala ao ver tanta gente. Não dava nem para chegar perto da mesquita. O povo estava todo em oração e ouviam-se cantos em árabe e em outras línguas, pois o islamismo é praticado por aproximadamente 1,5 bilhão de pessoas de diversos países.

– Sabe – disse Muhamed, respeitoso, para Kalil –, nós estamos estudando sobre Deus. Será que algum muçulmano poderia responder a algumas perguntas que gostaríamos de fazer sobre Alá?

– Alá? Que Alá? – espantou-se Uirá.

– É o nome de Deus em árabe... – disse Muhamed.

Kalil piscou para Pchemek e anunciou:

– Vou levá-los a uma biblioteca antiga onde há livros de um grande filósofo muçulmano, que viveu há pouco mais de mil anos: seu nome é Abu Ali al-Hussain ibn Abd Allah ibn al-Hassan ibn Ali ibn Sina. No Ocidente, ele é conhecido como Avicena.

As crianças o acompanharam em silêncio por ruazinhas estreitas e vazias. Assim que chegaram à biblioteca, Kalil lhes mostrou muitos livros, lindíssimos, com letras douradas e arabescos, mas escritos... em árabe.

JEAN-LOUIS NOU / ALBUM / AKG-IMAGES / LATINSTOCK

Livro escrito na língua árabe. Os arabescos são "enfeites" que se fazem com as letras.

A turminha ficou chateada, pois não seria possível entender nada do que estava escrito ali. Só que, sem que eles percebessem, por uma daquelas mágicas que sempre aconteciam com os alunos da Escola da Tia Sofia, por entre as estantes de livros surgiu um moço de barba, com turbante, olhos muito profundos e um rosto moreno e belo. Ele falou suavemente em árabe e Kalil traduziu, muitíssimo espantado, sem entender o que estava se passando:

– Sou Ibn Sina ou Avicena, se preferirem. Escrevi algumas obras para falar da grandeza do Altíssimo, que no mundo oriental nós chamamos de Alá. O que vocês querem saber? Será que, com meus humildes conhecimentos, posso ajudá-los?

– Humildes?! Médico, filósofo, escritor, sábio entre os sábios! – respondeu Kalil, abismado. – E ainda acha que seus conhecimentos são humildes?

Avicena sorriu.

– O que é Deus, mestre Avicena? – perguntou Bantinho.

– Deus é a causa de tudo o que existe, Ele é o Ser necessário. Todos nós existimos, mas poderíamos não existir, se Ele não tivesse nos criado. Entretanto, Ele existiria de qualquer jeito, pois, se não houvesse Deus, nada haveria.

– Foi Ele quem criou tudo no começo? – quis saber Susi.

– Que começo? – o filósofo devolveu a pergunta. – Deus existiu sempre e sempre criou. Ele é o criador eterno...

– Que bonito e que difícil! – comentou Davi. – Mas como podemos entendê-Lo melhor?

– Mais do que entendê-Lo, nós podemos amá-Lo, já que um Ser tão bom e perfeito como Ele, nós só podemos adorar.

Avicena falou com tanto ardor, com tanto brilho no olhar, com uma voz tão macia e tão bonita e suas palavras foram tão fortes, que ninguém mais sabia o que perguntar. Ficaram em silêncio. Avicena passou a mão sobre a cabeça de cada criança e desapareceu atrás dos livros.

De volta à Escola da Tia Sofia, o silêncio ainda reinava. Foi Pchemek quem o quebrou:

– Eu acho que vocês deveriam fazer algumas pesquisas sobre tudo o que vimos hoje, para entenderem melhor essa experiência.

E foi o que eles fizeram. Susi achou a história de Muhamad, e Mirela quis saber mais sobre os muçulmanos.

# Belas vidas: A história de Muhamed

JEAN-LOUIS NOU / ALBUM / AKG-IMAGES / LATINSTOCK

Foto de uma edição de luxo do *Alcorão*, livro em que estão contidos os ensinamentos de Maomé.

Muhamed ou Maomé – que significa "o glorificado" – nasceu em Meca entre 567 e 572 d.C., em uma família rica da Arábia. Seu pai morreu antes de seu nascimento e sua mãe, quando ele ainda era pequeno. Viveu em uma tribo do deserto e, mais tarde, jovenzinho, teve de trabalhar no comércio para sobreviver. Sua honra e bondade sempre o faziam se destacar entre os demais. Aos 25 anos, casou-se com uma mulher mais velha do que ele, Khadija, com quem teve vários filhos. Desde muito cedo, apresentava vocação religiosa. Maomé gostava muito de meditar e, durante uma de suas meditações, o anjo Gabriel veio até ele e ordenou que falasse às pessoas a respeito de um Deus único e que escrevesse um livro, a ser ditado pelo anjo. Ele seguiu à risca esse pedido. Maomé recebeu do anjo Gabriel o *Alcorão*, o livro sagrado da religião muçulmana, da qual se tornou profeta. A sua revelação durou 23 anos. Maomé teve uma vida de pregação e dedicação a Deus. Por onde ia, falava sobre a bondade e o poder do Criador e, por causa disso, ele e seus seguidores sofreram muitas perseguições. O profeta morreu no ano de 632, na cidade árabe de Medina.

## Os muçulmanos no mundo

Atualmente, existem cerca de 1,5 bilhão de muçulmanos no mundo. Segundo estudos realizados pela ONU (Organização das Nações Unidas), o islamismo é a religião que apresenta o maior crescimento. Em muitos países – como o Iraque, o Irã, a Arábia Saudita, o Líbano, a Jordânia, o Egito, a Argélia, a Indonésia, entre outros –, é a religião principal. Os muçulmanos, cuja cultura é muito rica, podem ser encontrados em outros países, como a Índia e o Brasil.

Nos seus 1400 anos de existência, o islamismo trouxe importantes contribuições para a literatura, a filosofia, a medicina, a matemática, a arquitetura (com suas belas mesquitas e palácios grandiosos) e a arte em geral. Um matemático muçulmano, por exemplo, inventou os algarismos, na época de ouro da cultura islâmica. Ele se chamava Al-Khwarizm. Vale lembrar que os romanos usavam os numerais conhecidos como romanos – I, II, IV, VIII, etc. Foram os árabes também que reintroduziram na Europa os ensinamentos gregos a respeito da medicina e da filosofia, durante a Idade Média, já que os europeus tinham perdido o contato com aquela cultura.

Fonte: Adaptado de *Atlas Geográfico Escolar*. Rio de Janeiro, IBGE, 2007.

## Aumente o que você sabe!

- Pesquise mais sobre a cultura muçulmana, na época de Avicena. Por volta do ano mil, os árabes tinham uma cultura muito avançada! Depois, apresente o que você encontrou para os seus amigos.

## Visite os templos!

- Entre no *site* www.atica.com.br/jeitosdecrer e veja várias mesquitas muçulmanas pelo mundo!

### Conflitos religiosos pelo mundo

Na história sempre existiram conflitos entre muçulmanos, cristãos e judeus, provocados por pessoas fanáticas que mataram em nome de Deus. Um exemplo pode ser dado pelas Cruzadas, empreendidas a partir do século XI, em que os cristãos guerreavam contra os muçulmanos; outro, pelas lutas entre hindus e muçulmanos na Índia. No século XX, houve conflitos entre protestantes e católicos na Irlanda e ainda a ação dos terroristas e seus homens-bomba que atacam pessoas inocentes. No Brasil, felizmente, não há conflitos religiosos.

## Vamos conversar!

- Você não acha que deveríamos aprender a conviver pacificamente?
- O que você sugere para que não mais aconteçam guerras religiosas no mundo?

## Resumo da conversa

Escreva aqui as conclusões a que você e seus amigos chegaram.

# Deuses na Bahia de Todos-os-Santos

4

Pchemek precisou fazer uma viagem, mas prometeu que voltaria para participar de outros episódios.

Ainda pensando na pesquisa que estavam fazendo, Bantinho comentou:

– Nós estamos procurando Deus em vários lugares do mundo, mas, e no Brasil? Não vamos viajar pela nossa própria terra?

– Pois olha só, gente! Você falou isso, Bantinho, e vejam o *e-mail* que acabamos de receber da Dora e do Alessandro – disse Mirela, na frente do computador.

Queridos amigos!

Tudo bem?

Ficamos sabendo das suas mais recentes aventuras – afinal, fomos nós que escrevemos o roteiro deste livro! – e achamos que vocês também vão gostar da próxima viagem!

Uma coisa interessante que ocorre no Brasil, e da qual alguns gostam, outros não – depois vocês dirão o que acham do assunto –, é a mistura das religiões. Acontece de uma pessoa ser católica, mas também frequentar um centro espírita; outra vai a um culto evangélico, mas se interessa pelo estudo do budismo, e assim por diante.

Em nosso país há festas religiosas em que se misturam crenças e práticas diferentes. Vocês vão viajar para uma terra de muitas crenças que se cruzam: a Bahia. Principalmente duas religiões são muito fortes nesse estado, e às vezes os adeptos as combinam: o catolicismo, trazido pelos portugueses, quando se estabeleceram no Brasil, e o candomblé, que veio com os africanos, trazidos pela escravidão.

Vamos à Bahia?

Um cheiro! – como os baianos dizem.

Dora e Alessandro

*Ver no Dicionário das religiões*, na página 134: *candomblé*.

Assim que a turma terminou de ler o *e-mail*, todos se viram no alto de uma colina ensolarada, cheia de gente, com música, festa e alegria. No topo, havia uma igreja muito bonita. Logo Mirela, Davi, Bantinho, Uirá, Susi, Muhamed e Carol encontraram um grupo de crianças, negras, brancas, morenas, e se juntaram a elas.

– O que está acontecendo aqui? – perguntou Uirá.

– Vocês não sabem, não? – respondeu um menino simpático. – É a festa da lavagem das escadarias da igreja de Nosso Senhor do Bonfim!

As crianças bem que viram muitas e muitas baianas, vestidas de branco, esfregando a escadaria da igreja, mas não entenderam nada. As mulheres jogavam água de cheiro nas escadas e, enquanto faziam isso, cantavam em língua africana.

– Como é seu nome? – Bantinho continuou a conversa. – Você pode nos explicar o que significa isso?

– Eu me chamo Jessé. Esse é Toninho, essa é Malu e aquela, Betinha.

Todos se cumprimentaram de um lado e de outro e começaram a conversar animadamente.

– Ai, gente! Não é possível que vocês nunca ouviram falar da festa de Nosso Senhor do Bonfim! – comentou Malu.

– Claro que já ouvi falar! Sempre vejo na TV – respondeu Mirela, que nunca ficava para trás.

– Pois é, uma vez por ano, as baianas fazem a lavagem das escadarias da igreja de Nosso Senhor do Bonfim, que foi inaugurada em 1754. O culto de Nosso Senhor do Bonfim, que é um culto católico, foi trazido de Portugal por um tal de capitão Teodósio Rodrigues de Faria – explicou Jessé, que mais parecia um pequeno guia turístico.

– Mas, se é uma celebração católica, por que essas baianas do candomblé estão fazendo a lavagem? – quis saber Susi.

Foi Jessé novamente quem respondeu:

– É que, na época dos escravos, os brancos faziam as promessas e quem pagava, lavando a igreja, eram os escravos. Ao mesmo tempo, a religião africana tem um culto a Oxalá que se chama "as águas de Oxalá". Acabou que os católicos hoje fazem as missas na igreja, os adeptos do candomblé fazem seus rituais nos terreiros e terminam a festa de Oxalá aqui, no Bonfim. Essa lavagem acontece do mesmo jeito que faziam no tempo da escravidão, só que agora é dentro da religião africana, e não mais para cumprir a promessa dos brancos.

– Mas Oxalá tem alguma coisa a ver com Nosso Senhor do Bonfim? – Carol ficou curiosa.

– Tem e não tem, oxente! – respondeu Betinha, com sotaque baiano. – Nosso Senhor do Bonfim é Jesus crucificado, e Oxalá é um dos mais importantes orixás da religião africana. Mas olha só: Jesus é filho de Deus; Oxalá é filho de Olorum, que é o pai de todos os orixás; Jesus é chamado o príncipe da paz e Oxalá é visto como o senhor da paz e da harmonia espiritual. Assim, no Brasil, os dois, embora de religiões diferentes, acabaram sendo um só, para algumas pessoas.

– É, mas para mim, que sou católico – falou pela primeira vez Toninho –, isso não tem nada a ver. Jesus é Jesus e Oxalá é Oxalá.

– E, para mim, que sou do candomblé, também, viu! Oxalá não é Jesus Cristo, não! Aliás, essa confusão começou porque os escravos eram obrigados a esconder sua religião, então não podiam homenagear Oxalá. Por causa disso, prestavam culto ao Senhor do Bonfim, como se fosse Oxalá. Eles associavam um santo católico a um deus da religião africana. E, ao rezar, por exemplo, para santo Antônio estavam rezando para Ogum; quando rezavam para santa Bárbara, rezavam para Iansã... Mas agora que todo mundo é livre, não é preciso mais toda essa mistura.

– Bom, gente, não vamos brigar! Qual é o problema de pegar um pouquinho de cada religião? Eu acho que Oxalá pode ser outro nome de Jesus. Na umbanda, a gente aceita assim! – exclamou Jessé, que, para apaziguar os ânimos, colocou uma fitinha em torno do punho de cada criança e pediu a elas que fizessem três pedidos.

– Essa é a fitinha de Nosso Senhor do Bonfim. Segundo a tradição, os nós vão desatar conforme os pedidos forem sendo realizados!

RICARDO KUEHN / FOLHA IMAGEM

Igreja de Nosso Senhor do Bonfim, em Salvador, Bahia.

EDMAR MELO / AG. A TARDE / FUTURA PRESS

Imagem do Senhor do Bonfim, no interior da igreja de mesmo nome, que é considerada o maior templo de fé dos baianos.

A turma de Mirela estava admirada com tantas coisas que havia aprendido. Agradeceram muito às crianças baianas, trocaram *e-mails* para se corresponderem e saíram andando no meio da multidão.

Dali a pouco estavam de volta à Escola da Tia Sofia, muito pensativos.

– E aí? Onde está Deus em tudo isso que nós vimos? – perguntou Muhamed.

– Ai! Que pergunta difícil – disse Davi. – Para uns, Ele está em Oxalá, para outros em Nosso Senhor do Bonfim, para alguns está em toda parte e para outros ainda, em lugar nenhum. Acho que é isso! – concluiu o menino.

– Para mim, Ele responde a qualquer oração sincera. Não importa o nome que damos a Ele. Essa é a minha opinião! – terminou Mirela.

E ninguém disse mais nada.

*Ver no* Dicionário das religiões, *na página 134:* umbanda.

# Cante com a gente!

## Meu pai Oxalá

Atotô abaluaiê, Atotô babá
Atotô abaluaiê, Atotô babá

Vem das águas de Oxalá
Essa mágoa que me dá
Ela parecia o dia
A romper da escuridão
Linda no seu manto todo branco
Em meio à procissão
E eu que ela nem via
Ao Deus pedia amor e proteção

Meu pai Oxalá el rei
Venha me valer (duas vezes)
O velho Omulu
Atotô abaluaiê. (duas vezes)

Que vontade de chorar
No terreiro de Oxalá
Quando eu dei com a minha ingrata
Que era filha de Iansã
Com a sua espada cor de prata
Em meio à multidão
Cercando Xangô num balanceio
Cheio de paixão

Meu pai Oxalá el rei
Venha me valer (duas vezes)
O velho Omulu
Atotô abaluaiê. (duas vezes)

(Toquinho e Vinícius de Moraes, 1979.)

## Vamos conversar!

- A turma da Bahia discutiu sobre a questão da mistura das religiões, fenômeno que tem um nome específico: chama-se "sincretismo religioso".

- Qual a sua opinião sobre essa mistura? É importante quem tem religião ficar firme na sua? Ou é preciso primeiro conhecer bem as outras para fazer uma escolha final?

- Você acha possível passar de uma religião para outra? O que levaria uma pessoa a mudar de religião?

## Resumo da conversa

Registre aqui as conclusões a que você e seus amigos chegaram.

# Roteiro de viagem

## O que é que a Bahia tem?

Quem vai à Bahia fica encantado. É uma terra que já foi cantada em poesia e música, pintada e retratada por grandes artistas. É que na Bahia começou o Brasil, como nós o conhecemos. Foi lá que os portugueses encontraram os índios e depois trouxeram os negros e tudo se misturou e gerou esse povo mesclado, mulato, de muitas culturas. É verdade que houve muito sofrimento: matança de índio, escravidão dos africanos, exploração da terra.

Mas é verdade também que a cultura que brotou é boa demais, é bem temperada, é variada.

DORIVAL MOREIRA/PULSAR IMAGENS

Igreja Nossa Senhora do Rosário dos Pretos, no Pelourinho, em Salvador.

ARQUIVO NACIONAL, RIO DE JANEIRO

Farol da Barra, em Salvador.

OPÇÃO BRASIL IMAGENS

Elevador Lacerda, um dos cartões-postais da capital baiana.

A Bahia tem muita religião, tem muita arte. Tem muita música, tem Dorival Caymmi, Caetano Veloso, Gilberto Gil. Tem a maior ialorixá do candomblé – Mãe Menininha do Gantois. Tem escritores como Jorge Amado. Tem a bondade de irmã Dulce. Tem um mar que é lindo, tem a cidade de Salvador, a primeira capital do Brasil. Tem um povo moreno e bonito. Tem muito Brasil, isso tem.

FERNANDO VIVAS / EDITORA ABRIL

Dorival Caymmi.

LUCIANO ANDRADE / EDITORA ABRIL

Mãe Menininha do Gantois.

FERNANDO VIVAS / EDITORA ABRIL

Jorge Amado.

Irmã Dulce.

ROGERIO MONTENEGRO / EDITORA ABRIL

Caetano Veloso.

BOB PAULINO / EDITORA ABRIL

Gilberto Gil.

FABIO MOTTA / AE

## Você pode...

- ... escrever um texto com o título: "O que minha terra tem?". Use como modelo o texto "O que é que a Bahia tem?", na página 57. Conte as coisas boas e bonitas do estado onde você mora e, se quiser, aquilo que você acha que pode ser melhorado. Se o estado for a Bahia, o desafio é maior: fazer um texto diferente do que você acabou de ler.

## Aumente o que você sabe!

- Faça uma pesquisa sobre cada uma das pessoas citadas no texto "O que é que a Bahia tem?" e escreva algumas palavras sobre elas.

Gilberto Gil ______________________________

______________________________

Jorge Amado ______________________________

______________________________

Dorival Caymmi ______________________________

______________________________

Irmã Dulce ______________________________

______________________________

Caetano Veloso ______________________________

______________________________

Mãe Menininha do Gantois ______________________________

______________________________

# Deus é um e ao mesmo tempo três?

5

Carol já estava na sala, navegando pela internet, quando a turma chegou.

– Gente, quem já ouviu falar em Espírito Santo? – perguntou a menina.

– Eu já ouvi – respondeu Uirá –, mas não sei o que é.

– Nem eu! – falou Davi.

– Nem eu! – foi a vez de Susi.

– Eu também não! – disseram Bantinho e Muhamed.

– Pois em vários lugares do Brasil se celebra uma festa muito legal, que é a festa do Divino Espírito Santo. Eu acho que a gente gostaria de ver! – continuou Carol.

– Mas quem é o Espírito Santo? – perguntou Mirela, curiosa.

– Ah! Já está aqui a resposta! – gritou Carol. – Escutem o *e-mail* da Dora e do Alessandro.

Queridos,

Não é fácil explicar, não é fácil entender. Quem é o Espírito Santo? É a terceira pessoa da Trindade! Vocês devem estar se perguntando: o que é isso? Trindade? É o seguinte: para a maioria dos cristãos, Deus é único, mas é ao mesmo tempo três pessoas: Pai, Filho e Espírito Santo. O Pai, aquele que criou todas as coisas; o Filho, pois Ele é Jesus; e o Espírito Santo, que se manifesta em toda parte.

Na história do cristianismo, nem todos os cristãos concordam com essa visão: os chamados unitaristas (seguidores do unitarismo, sistema baseado na unidade)

acham que Deus é uma pessoa e que Jesus é outra, completamente diferente, ele é só Filho. Hoje, os cristãos que pensam assim são os testemunhas de Jeová e os espíritas. São religiões muito diferentes, mas que têm isso em comum. É por isso que os evangélicos e os católicos não consideram que eles sejam cristãos. E eles se dizem, sim, seguidores de Jesus. Esse assunto costuma dar muita discussão.

Seja como for, vocês vão gostar da festa do Espírito Santo! Nós vamos mandar vocês para o estado de Goiás, onde se realiza uma linda comemoração do Divino. Aproveitem e façam uma pesquisa sobre as Igrejas evangélicas pentecostais, que dão grande importância ao Espírito Santo!

Para os que acreditam no Espírito Santo, é Ele quem faz os milagres da cura de doentes, que inspira as pessoas, que faz os fiéis falarem coisas que eles não conseguiriam falar sozinhos!

Uma palavra-chave para vocês procurarem: pentecostes!

Um beijo e um abraço,

Dora e Alessandro

*Ver no Dicionário das religiões*, na página 134:
*Testemunhas de Jeová.*

Nem bem acabaram de ouvir o *e-mail* lido por Carol, viram-se todos numa estrada que dava para uma cidade. Ali havia uma placa, em que se lia "Pirenópolis". Continuaram a caminhar e logo perceberam que havia muita gente em procissão pelas ruas, carregando bandeiras com a imagem de uma pomba. O povo ia de casa em casa, pedindo esmolas para os pobres.

Mirela perguntou a uma adolescente:

– Oi, como você se chama? Poderia nos dar algumas informações?

– Oi! Eu me chamo Marieta! O que vocês querem saber?

– Nós queríamos conhecer melhor essa festa do Divino Espírito Santo. Na cidade em que moramos, não temos essa comemoração – respondeu Carol.

DELFIM MARTINS/PULSAR IMAGENS

Festa do Divino Espírito Santo, em Pirenópolis, Goiás.

– Ah! Eu conto tudo para vocês! É comigo mesmo! Eu já fui coroada como imperatriz, quando era menor!

– Imperatriz?! – espantaram-se todos.

– É isso mesmo! Todos os anos, são escolhidos um imperador e uma imperatriz da Folia do Divino. Podem ser adultos ou crianças.

– Mas por quê? O que fazem um imperador e uma imperatriz? Como tudo isso começou? – perguntou Davi.

– É fácil! – disse Marieta. – A festa do Divino é muito antiga: vem da Europa de mil anos atrás, numa época de reis e imperadores, que aproveitavam a comemoração para distribuir esmolas

aos pobres. A festa começou a ser celebrada em Portugal por ordem da rainha Isabel, que depois virou santa Isabel de Portugal. E, com a colonização, chegou ao Brasil.

– Mas e essa pomba branca da bandeira? O que ela significa? – quis saber Bantinho.

– Vocês não sabem que a pomba é o símbolo do Espírito Santo?

Mirela ficou irritada, porque eles estudavam e pesquisavam tanto e sempre pareciam ignorantes:

– Não, isso a gente não sabia, mas nós sabemos que o Espírito Santo é a terceira pessoa da Trindade!

– Tudo bem! Já melhorou! Vocês querem acompanhar a procissão até a igreja, onde vai ser a missa? Depois eu vou convidar vocês para comer comigo arroz com pequi!

A turma não sabia o que era pequi, mas, como estavam curiosos para conhecer de tudo, aceitaram o convite.

Logo viram passar a procissão inteira, com o imperador e a imperatriz maravilhosamente vestidos e coroados. As pessoas que acompanhavam o cortejo estavam usando roupas antigas, e havia homens tocando viola e cantando. Quando a procissão se aproximou da igreja, os fogos começaram a pipocar. Era uma beleza de se ver!

Os imperadores entraram na igreja e se sentaram no lugar de honra. O povo, entusiasmado, ouvia o padre rezar a missa.

As crianças nunca tinham visto uma festa tão comprida e tão animada!

– Isso não é nada! – falou Marieta. – A festa do Divino vem sendo preparada há mais de vinte dias! E agora, vocês querem experimentar arroz com pequi? Vamos até a minha casa. Mas olha, precisa aprender a comer, porque senão a gente morde os espinhos que ficam bem no meio do caroço da fruta.

KENJI HONDA/ARQUIVO DA EDITORA

O pequi é uma fruta típica do cerrado brasileiro.

As crianças estavam encantadas com tanta hospitalidade. Bantinho, Uirá e Davi adoraram arroz com pequi, que afinal era uma frutinha amarela, com gosto muito diferente. Mirela, Susi, Muhamed e Carol não gostaram muito, acharam esquisito. Para aqueles que não gostaram, Marieta explicou que com o pequi se podiam fazer doces, como o pudim de pequi, e também licor.

Depois de tantas emoções, agradeceram muito à menina, a abraçaram e logo estavam de volta à escola.

Ufa! Que viagem! E quantas coisas eles aprenderam!

## Você pode...

- ... pesquisar receitas típicas do estado onde você mora. Depois, traga o resultado da sua pesquisa para a sala de aula para, junto com as receitas encontradas pelos seus amigos, confeccionar um caderno de receitas.

## Cante com a gente!

- Conheça a letra de uma música que descreve alguns eventos da festa do Divino: a procissão com a bandeira e o pedido de esmolas. Além do próprio Ivan Lins, que a tornou conhecida, a canção pode ser ouvida também nas vozes do Pe. Marcelo Rossi e da dupla Pena branca e Xavantinho.

### A bandeira do Divino

Os devotos do Divino
Vão abrir sua morada
Pra bandeira do menino
Ser bem-vinda, ser louvada!

Deus vos salve, esse devoto
Pela esmola em vosso nome
Dando água a quem tem sede
Dando pão a quem tem fome

A bandeira acredita
Que a semente seja tanta
Que essa mesa seja farta
Que essa casa seja santa

Que o perdão seja sagrado
Que a fé seja infinita
Que o homem seja livre
Que a justiça sobreviva

Assim como os três reis magos
Que seguiram a estrela-guia
A bandeira segue em frente
Atrás de melhores dias

No estandarte vai escrito
Que ele voltará de novo
E o rei será bendito
Ele nascerá do povo

(Ivan Lins e Vitor Martins.)
http://vagalume.uol.com.br/ivan-lins/bandeira-do-divino.html

Mais que depressa as crianças foram buscar as explicações de que precisavam para entender toda essa história do Espírito Santo. E vejam o que elas encontraram:

## Belas vidas: Rainha Isabel de Portugal

MUSEU DO PRADO

*Santa Isabel de Portugal* (1635), óleo sobre tela de Francisco de Zurbarán, pintor espanhol do século XVII.

Entre as muitas rainhas de nome Isabel, Isabel de Portugal foi considerada uma das melhores. Nasceu em Barcelona, na Espanha, em 1274, e morreu no ano de 1336, em Estremoz. Foi casada com o soberano português dom Dinis. Respeitada e amada por sua bondade e nobreza, era uma mulher muito piedosa, que passou grande parte de sua vida ajudando os pobres e orando. O seu compromisso era com os necessitados, por isso ela fundou hospitais e apoiou a construção de casas de religiosos. Depois de sua morte, a fama de seu amor pelas pessoas aumentou e a rainha acabou por ser canonizada, segundo a Igreja Católica, como santa Isabel de Portugal. Ela, que ficou conhecida como a rainha santa, foi a responsável por oficializar a Festa do Espírito Santo.

## O poeta fala

### O milagre das rosas

Contam que Santa Isabel,
Rainha de Portugal,
Quando ia servir os pobres,
Cingia um branco avental.

E, tomando-o pelas pontas,
O transformava em sacola,
Onde levava escondido
Tudo o que desse de esmola.

Porque el-rei, seu marido,
Por avareza e maldade,
Não queria a sua esposa
Praticando a caridade.

Levando pães no avental,
Ele um dia a viu passar
E foi então, furioso,
A rainha interpelar.

Que levas neste avental?
Perguntou, cheio de ira.
– São rosas! – respondeu ela
e, ao dizê-lo, não mentira.

Pois quando abriu o avental,
Só rosas em profusão,
Enchendo o ar de perfume,
Se espalharam pelo chão.

(Dom Marcos Barbosa. In: *O tesouro das virtudes para crianças*, organizado por Ana Maria Machado. Rio de Janeiro: Editora Nova Fronteira.)

## Fazendo poesia!

- Baseando-se na última estrofe do poema da página anterior, em que se fala como aconteceu o milagre das rosas, escreva com suas próprias palavras novos versos para o poema.

## Quem são os pentecostais?

No século XVIII, o protestante e estudante de teologia John Wesley fundou na Inglaterra a Igreja Metodista, considerada a primeira Igreja pentecostal. Wesley era um homem de grande sensibilidade e vocação religiosa, que estava sempre no meio dos pobres e preocupado com o trabalhador simples. Andava pelas ruas conversando e ajudando as pessoas. Percorreu o

NATIONAL PORTRAIT GALLERY, LONDRES/THE BRIDGEMAN ART LIBRARY/KEYSTONE

John Wesley (c. 1703-1791), religioso inglês.

mundo, levando a muitos lugares o estudo da Bíblia e a oração – Wesley viajou tanto que costumava dizer que o mundo era a sua casa. Entristecia-se ao ver as pessoas correndo atrás de riquezas e se esquecendo de viver como Jesus ensinou. Seu desejo era o de que a vida das pessoas fosse dedicada ao Evangelho. Gostava tanto de Jesus que fez dele a figura central de sua Igreja. Para Wesley, somente Jesus é capaz de nos perdoar e nos dar a vida. O Espírito Santo é igualmente importante, e o culto também deve ser prestado a ele.

O nome "pentecostal" foi dado à nova Igreja por causa do dia em que o Espírito Santo se manifestou entre os discípulos de Jesus. Para se tornarem pentecostais, os fiéis devem ser batizados, acontecimento durante o qual devem sentir a presença plena do Espírito Santo. Ela é notada no culto quando alguns fiéis começam a falar em outras línguas, como os discípulos de Jesus falaram. O fiel pentecostal deve trabalhar para levar a Bíblia a todos os seres humanos, em qualquer lugar.

O pentecostalismo se desenvolveu com força nos Estados Unidos e no Brasil. Naquele país, as celebrações metodistas começaram principalmente entre os negros, porém, nas orações feitas ao Espírito Santo, eles falavam em línguas estranhas, fato que não agradava aos brancos. Com o tempo, por causa do racismo, houve ali uma separação entre os pentecostais brancos e os negros.

Em nosso país, as duas primeiras igrejas pentecostais foram a Congregação Cristã do Brasil, que chegou em 1910, e a Assembleia de Deus, em 1911. Ambas deram início a um forte movimento pentecostal, havendo hoje centenas delas. A partir dos anos 1970, surgiram as neopentecostais, entre as quais a igreja Universal do Reino de Deus, do bispo Edir Macedo.

Nas igrejas pentecostais, o pastor é quem conduz o culto. Ele faz a pregação, mas também há fiéis que falam sobre as suas experiências religiosas. As orações são feitas coletivamente em voz alta, com todo mundo orando ao mesmo tempo. Em certos momentos, todos oram com as mesmas palavras, em outros, cada um reza do seu jeito. Os fiéis podem levantar os braços, mexer as mãos, balançar a cabeça e movimentar o corpo. Também são tocadas muitas músicas para os fiéis cantarem e dançarem em grupo. A emoção toma conta da igreja e, segundo os pentecostais, o Espírito Santo é que inspira o culto.

NELIO RODRIGUES/AGÊNCIA PRIMEIRO PLANO/EDITORA ABRIL

Culto em templo da igreja Universal do Reino de Deus em Belo Horizonte, MG.

Depois de tudo o que leram, as crianças resolveram discutir novamente sobre a questão do Espírito Santo. Muhamed foi quem começou a falar:

– Então, pelo que eu entendi, o Espírito Santo dos católicos, da festa que nós vimos lá em Goiás, é o mesmo Espírito Santo dos evangélicos pentecostais...

– Foi o que eu entendi também – comentou Bantinho.

– O que eu não entendi mesmo foi essa história da trindade! – exclamou Uirá.

– Parece que não é para entender, mas para acreditar simplesmente – respondeu Carol, pensativa.

– Eu prefiro entender para acreditar – disse Davi.

– Para mim, tudo bem – devolveu Susi –; eu posso acreditar sem entender.

E terminaram a conversa naquele dia.

## Vamos conversar!

Pense nestas questões e responda:

- Você prefere entender as coisas para poder acreditar ou acredita em coisas que não compreende?
- A fé tem de ser compreensível ou pode ser misteriosa?

## Resumo da conversa

Utilize este espaço para registrar tudo o que foi discutido.

## Aumente o que você sabe!

- Listamos aqui alguns temas relacionados com tudo o que foi estudado neste capítulo. Reúna-se com um grupo de amigos da sala e escolha um dos assuntos. Façam uma pesquisa a respeito e, depois, mostrem para a classe o resultado da pesquisa.

**Igrejas pentecostais no Brasil.**

**Regiões brasileiras em que se realiza a Festa do Divino e as particularidades de cada lugar.**

# Deus além das estrelas

6

Depois de vários dias, a turma de Mirela ainda estava pensando no Espírito Santo. Bantinho fez uma pergunta em voz baixa para si mesmo, mas todos ouviram:

– Será que o Espírito Santo tem alguma coisa a ver com receber espíritos? – falou ele.

– Acho que não... – refletiu Davi. – Receber espíritos é uma prática espírita, e nós vimos que são os católicos e os evangélicos que têm fé no Espírito Santo!

– E o que será que os espíritas pensam sobre Deus, hein? – indagou-se Mirela. – Ai que pena que o Pchemek não está aqui. Nos esquecemos de perguntar isso a ele! Mas vamos pedir à Dora e ao Alessandro que nos ajudem nisso! Eu bem que gostaria de viajar no tempo para conhecer o Chico Xavier! Tenho uma tia que foi visitá-lo várias vezes enquanto ele estava vivo.

Susi mais do que depressa fez uma rápida pesquisa na internet sobre Chico Xavier:

# Belas vidas: O médium Chico Xavier

FLÁVIO FLORIDO/FOLHA IMAGEM

Chico Xavier, em foto de 1999.

O mineiro Francisco Cândido Xavier (1910-2002) foi um médium espírita muito importante. Nascido em uma família pobre, perdeu a mãe muito cedo e até os cinco anos foi criado por sua madrinha, que o maltratava. Certo dia, o pai estava conversando com uma amiga da família quando o pequeno Chico, então com quatro anos, fez um comentário sobre ciência que surpreendeu a todos. Aos cinco anos, ele foi morar com o pai, que se casara pela segunda vez. Como tinha de trabalhar para ajudar o pai, só pôde estudar até o quarto ano primário.

Sua mediunidade apareceu durante a infância, embora a família fosse católica e o educasse de acordo com os preceitos dessa religião. Chico dizia ver o espírito da mãe e conversava com ela. Essas aparições o levaram a estudar o espiritismo. Em 1927, aos dezessete anos, ele já desenvolvia sua mediunidade.

Em 1931, o jovem publicou seu primeiro livro ditado pelos espíritos, por vários poetas já mortos, intitulado *O Parnaso de além-túmulo*. Foi um sucesso. Depois disso, não parou mais de receber livros dos espíritos, os quais somam mais de quatrocentos títulos, traduzidos para outras línguas e com milhões de exemplares vendidos. As mensagens que recebeu eram de todo tipo – poesia, prosa, ciência, religião –, e fizeram dele o médium brasileiro mais conhecido dentro e fora do país.

Chico Xavier dedicou sua vida ao espiritismo, esforçando-se por divulgá-lo em todo o território nacional. A sua atividade contribuiu para torná-lo respeitado e capaz de atingir muitas pessoas. Em Uberaba, cidade em que viveu, ele realizou inúmeras obras de assistência social. Pessoas do Brasil inteiro o procuravam para receber auxílio espiritual.

O mais interessante é que, com tudo isso, ele poderia ter se tornado um homem poderoso e rico, mas, ao contrário, viveu sempre com o dinheiro do seu trabalho e depois com o de sua aposentadoria. Jamais pegou um tostão da venda dos livros que recebia dos espíritos – doou tudo a obras assistenciais e de divulgação do espiritismo – e nunca cobrou por sua atividade mediúnica. Morreu aos 92 anos de idade, deixando uma vida de exemplos de bondade, desapego e dedicação ao próximo.

## Palavras para aprender: **médium**

- Procure no dicionário o significado dessa palavra e o registre aqui.

________________________________________

________________________________________

________________________________________

________________________________________

Dessa vez eles não receberam nenhum aviso dos autores. Aconteceu sem que percebessem. De repente, estavam numa casa muito simples, cheia de gente de todas as idades. Dentro, havia uma mesa comprida, com várias pessoas sentadas em volta, em cuja cabeceira estava o próprio Chico Xavier. Não parecia tão velhinho quanto eles tinham visto na foto.

Ouvia-se uma música suave e quase ninguém falava. Alguns poucos trocavam uma ou outra palavra bem baixinho, enquanto Chico escrevia rapidamente, de olhos fechados.

Mirela não aguentou todo aquele silêncio e cochichou no ouvido de uma senhora que estava sentada à mesa:

– Posso fazer duas perguntas estranhas? Em que ano estamos e o que Chico Xavier está fazendo?

A mulher sorriu e respondeu, também baixinho:

– Estamos no ano de 1975 e Chico está recebendo uma mensagem dos espíritos.

Bem nesse momento, a escrita acabou e todos prestaram atenção no que ia ser lido. Chico havia escrito várias páginas inspirado por diferentes pessoas que já haviam morrido, e os familiares dessas pessoas, que se encontravam ali em busca de algum consolo, choravam muito de alegria e de emoção quando reconheciam as palavras dos parentes que haviam partido para o Além.

Terminada a leitura, os presentes foram falar com Chico Xavier e, é claro, a turma de Mirela mais do que depressa entrou na fila para poder conversar com ele.

Quando as crianças se aproximaram, ele abraçou e beijou cada uma com muito carinho. Era uma pessoa muito doce. Emocionadas que estavam, ninguém conseguia perguntar nada. Foi Carol quem rompeu o silêncio:

– Chico, nós estamos fazendo uma pesquisa sobre Deus e queríamos que você dissesse alguma coisa sobre Ele...

– Ai, minha filha! – exclamou Chico. – Vocês acham que esse mineiro aqui é uma enciclopédia para virem de tão longe e perguntar uma coisa dessas! – respondeu ele, brincando.

As crianças sorriram e, em seguida, ele começou a falar sério:

– Eu só posso dizer que Deus é amor. É o grande coração do universo. Mas vou dar um conselho para vocês: procurem nos livros escritos por um francês chamado Allan Kardec, pois lá há explicações muito boas sobre Deus.

Chico deu um beijo em cada um e então a fila andou. Logo a turma estava de volta à sala de aula. Ainda estavam muito comovidos. Mas qual não foi a surpresa deles ao verem que a sala não estava vazia, que havia uma pessoa lá. Era um homem maduro, vestindo roupas do século XIX, de cavanhaque, olhos azuis, muito simpático. Ele estava sentado, esperando pelas crianças.

– Que-quem é você? – gaguejou Susi.

– Sou Allan Kardec!

A turma quase caiu para trás de tanto espanto!

– Você não nasceu na França? Como é que está falando com a gente em português? – perguntou Davi, com cara de ponto de interrogação.

Kardec sorriu:

– Esta é fácil de responder. Estou falando com vocês em pensamento. Eu penso em francês, só que vocês ouvem e entendem em português.

– Então você é um espírito? – perguntou Bantinho, de olhos arregalados.

FEDERAÇÃO ESPÍRITA BRASILEIRA, SÃO PAULO

Allan Kardec.

– Isso vocês vão ter que investigar! Eu não vou dar todas as respostas para vocês. Durante trinta anos trabalhei como professor de crianças na França. E eu nunca dava todas as respostas para meus alunos; eles tinham de descobrir para exercitar o espírito científico. Quem não pesquisa, quem não busca, não aprende a pensar por si mesmo.

– É isso que fazemos o tempo todo! – respondeu Mirela, orgulhosa.

– Eu notei mesmo que essa escola se parece muito com a de meu mestre Pestalozzi – disse Kardec.

– Então você foi aluno de Pestalozzi? O Alessandro já nos falou sobre ele! – disse Uirá.

– Você poderia nos dizer o que pensa sobre Deus? – arriscou Carol.

Sempre sorridente, Kardec respondeu:

– No *Livro dos espíritos*, que escrevi com a ajuda dos espíritos, está escrito assim: “Deus é a inteligência suprema do Universo, causa primeira de todas as coisas”. Mas eu queria contar algo para vocês.

Os olhos claros dele brilharam e as crianças se aproximaram para ouvir.

– Na minha época, a astronomia estava fazendo grandes progressos. O maior astrônomo de então era Camille Flammarion, um grande amigo meu, que frequentava a Sociedade de Estudos Espíritas de Paris. Com base nos estudos de Flammarion, começamos a ter essa visão de Universo infinito, com galáxias e sóis sem fim. Ora, diante desse Universo, Deus fica maior para a nossa razão: Ele sustenta tudo isso, é o Criador eterno dos bilhões de estrelas semeadas no cosmos.

ALBUM/ADOC-PHOTOS/LATINSTOCK

NASA, ESA, AND THE HUBBLE HERITAGE TEAM (STSCI/AURA)

Camille Flammarion (1842-1925), astrônomo francês. Na foto acima, imagem de uma galáxia fotografada pelo telescópio Hubble.

Desde o século XIX, nós, espíritas, achamos que há muitos planetas habitados, muitas humanidades no Universo, e que Deus é uma inteligência sem limites, com um poder infinito para criar e manter tudo isso.

– Obrigada, professor Kardec! – falou Bantinho.

– Professor Rivail! – disse ele. – Eu me chamo Hippolyte Leon Denizard Rivail. Allan Kardec foi o nome que eu usei para escrever os livros espíritas. Obrigado a vocês, minhas queridas crianças. Foi um prazer retomar por um momento a minha tarefa de educador! *Adieu!*

E desapareceu, sorridente, sem ninguém saber como.

Para variar, estavam todos sem fala, sem saber o que dizer. As emoções daquele ano estavam de arrebentar os corações!

Foi Carol de novo quem acabou com o silêncio:

– E dizem que o espiritismo é coisa do demônio! Veja se pode!

– É uma mania muito feia essa: as pessoas que seguem uma religião falarem mal de outra, às vezes sem conhecer o que ela prega... Nós, pelo menos, estamos vendo que todas têm coisas muito bonitas e pessoas tão maravilhosas! – concluiu Mirela.

## Você pode...

- ... fazer de conta que é um poeta! Escreva uma poesia que fale de Deus, das estrelas e da beleza do Universo infinito. Se quiser, depois de revisar seu texto, declame-o para os colegas.

## Aumente o que você sabe!

### Atividade 1

- Você já aprendeu neste volume a falar "olá" em espanhol (*¡Hola!*) e agora "adeus" (*Adieu*) em francês... Vamos pesquisar como se falam essas palavras em algumas outras línguas?

### Atividade 2

- Faça uma pesquisa para descobrir o significado das palavras abaixo.

constelação

Sistema Solar

galáxia

estrela

nebulosa

## Vamos conversar!

Neste capítulo fica claro que a gente pode sentir Deus nas pessoas boas e ao mesmo tempo vê-Lo na grandiosidade do Universo.

- Você concorda que Deus está presente nos seres humanos?
- E as galáxias coloridas do infinito, elas mostram que Deus existe?

## Resumo da conversa

Escreva aqui as conclusões a que você e seus amigos chegaram.

# Cante com a gente!

## A majestade da Lua

Não sei o que me acontece
Quando vem surgindo a Lua
Pingando sua brancura
Sobre as calçadas da rua...
Parece feita de gelo,
Refresca minha alma,
Se toma conta da noite
A terra fica mais calma!

Quando cato da janela
Um fio azul de luar,
Com ele eu costuro um sonho
E já me ponho a voar!
São Jorge camarada,
Me empresta seu cavalo
Branquinho como a Lua,
Com ele voo e me calo.

Calada, visito a Lua,
Rainha pálida e antiga,
Cavalgo no seu silêncio
E penso ser sua amiga!

(Letra e música de Dora Incontri.)

# Falando com Deus

7

– Todas essas viagens, todas as pessoas que conhecemos para a nossa pesquisa me deixaram com muita vontade de rezar! – disse Muhamed quando estavam chegando à sala de aula, no dia seguinte.

– Eu também! E acho que a gente podia ver como algumas religiões oram...

Estavam numa rodinha falando sobre oração quando alguém bateu na porta. E qual não foi a surpresa da turma ao verem Pchemek entrar.

– Pchemek!!! Que saudades! – disseram.

Correram todos para abraçá-lo. Depois de Pchemek retribuir o carinho, as crianças se sentaram no chão, formando uma roda em volta dele.

– Hoje vai acontecer uma coisa que vocês vão achar muito interessante – disse ele em esperanto, para as crianças não esquecerem o que tinham aprendido. – Vamos passar por vários templos para ver como as pessoas oram nas diferentes religiões. Mas não vamos sair daqui. É que certos templos não aceitam crianças, outros separam os homens das mulheres, há outros ainda que não aceitam pessoas de uma religião diferente... Então, por isso, seria difícil visitarmos de verdade esses lugares.

Ele tirou do bolso o que parecia ser um DVD e explicou o que iria acontecer em seguida:

– Vamos entrar num filme! Nós ficaremos aqui na sala, mas vamos ver tudo, ouvir tudo, sentir o cheiro, o calor, o frio de cada lugar. Será como se estivéssemos dentro de cada um desses templos!

PETER HENDRIE/PHOTOGRAPHERS'CHOICE/GETTY IMAGES

Templo Todai-ji, em Nara, Japão.

STEVEN VIDLER/EURASIA PRESS/CORBIS/LATINSTOCK

Estátua de Buda feita de bronze, no interior de templo budista.

– Que doido! – disse Bantinho.

– Que legal! – disse Susi.

– Que beleza! – gritou Mirela.

– Será que dá certo? – perguntou Muhamed.

– Isso é a tecnologia do futuro – falou Pchemek, todo orgulhoso.

Logo que ele colocou o disco num pequeno aparelho, a turma já se viu envolvida por um ambiente lindo, em que se viam um amplo calçamento cercado por um gramado e, ao fundo, um templo com telhado virado, com a arquitetura em estilo japonês.

Pchemek explicou onde ficava esse primeiro templo:

– O templo Todai-ji fica na cidade de Nara, no Japão. Vejam dentro a imagem de Buda...

No interior de madeira, havia paz e simplicidade. No fundo, a imagem de Buda sentado. Monges oravam em voz alta, numa oração cantada.

A turma ficou encantada com aquela sensação de tranquilidade. Mas logo a cena mudou e Pchemek anunciou:

– Templo hindu, em Nova Délhi!

DINODIA/KEYSTONE

Estátua de Shiva, em Gujarat, na Índia.

ABHISHEK PANDEY/FLICKR

Templo hindu, em Nova Délhi.

A cena que viam agora era muito colorida. Milhares de pessoas entravam e saíam de um templo enorme, com torres altas e belas. Dentro, imagens cercadas de flores. E em frente de cada imagem havia gente de pé ou sentada no chão recitando um *mantra* – uma música sagrada.

– Essa é a imagem de Shiva, uma das faces de Deus, segundo o hinduísmo. A face feminina – disse Pchemek.

Havia perfume de flores e incenso no ar. Mulheres e homens vestiam roupas bonitas e multicoloridas. Era bonito de se ver.

Logo se ouviu a voz de Pchemek falando sobre outro lugar:

– Cairo, no Egito. Estamos numa mesquita muçulmana.

Era um templo enorme, coberto por abóbadas e também por torres finíssimas. Dentro, as paredes eram trabalhadas em

arabescos, e o chão era todo ornamentado. Numa sala, viam-se homens de joelhos e com a cabeça encostada no chão; em outro local, as mulheres, cobertas de véus, oravam sentadas ou ajoelhadas como os homens. Todos rezavam em voz alta.

ALAMY/OTHER IMAGES

XINHUA/ACTION PRESS/KEYSTONE

Vista externa do Pátio Central (com seus minaretes ao fundo) em Al Azhar, no Cairo, Egito, local de oração dos mulçumanos (à direita).

Mirela ia perguntar por que as mulheres ficavam num lugar separado, mas não deu tempo. Logo apareceu uma nova imagem, de uma praça enorme, cheia de pombos e em frente a uma igreja, em pedra branca, que parecia feita de renda.

FREE AGENTS/CORBIS/LATINSTOCK

Catedral de Milão, em Milão, na Itália.

FILIPPO MONTEFORTE/AFP/GETTY IMAGES

Imagem interna da Catedral de Milão durante celebração de uma missa.

– É o Duomo de Milão, na Itália, que levou quase quatrocentos anos para ser construído. É uma igreja católica, a terceira maior da Europa, dedicada a Maria.

O interior da igreja era amplo, com uma torre de 108 metros. Homens e mulheres, ajoelhados em bancos de madeira, rezavam baixinho, com fé, olhando para a imagem de Nossa Senhora. Também havia no ar um doce cheiro de incenso, mas não era igual ao incenso do templo hindu.

Rapidamente, Pchemek já falava a respeito de outro lugar:

– Esta é a sinagoga judaica Shaaré Tikvá, em Lisboa, Portugal. Foi inaugurada em 1904, mais de quatrocentos anos depois de os judeus terem sido expulsos desse país por causa da perseguição da Igreja Católica.

ARPELS/SKYSCRAPERCITY

Interior da Sinagoga Shaaré Tikvá.

ARPELS/SKYSCRAPERCITY

Fachada da Sinagoga Shaaré Tikvá em Lisboa.

Dentro da sinagoga, os bancos de madeira eram separados: havia a ala destinada aos homens e a ala para as mulheres. Os homens oravam em voz alta, com o quipá na cabeça (uma cobertura de tecido), balançando o corpo para maior concentração. As mulheres estavam com as mãos espalmadas.

O cenário mudou novamente e as crianças se viram numa igreja simples, mas muito animada:

– É uma igreja batista de negros em Jackson, no estado do Mississípi, que fica no sul dos Estados Unidos.

Os negros cantavam, batiam palmas, louvavam a Deus com muito fervor. As mulheres estavam muito bem vestidas, e os homens usavam gravata. Era uma beleza de ver e de ouvir, porque a música era maravilhosa.

De repente, o filme parou. E todos estavam espantados, tanto pelo que viram como pelo que ouviram, sem falar no modo como tudo tinha acontecido. Coisas da Escola da Tia Sofia.

– Interessante – comentou Uirá –, uns rezam em pé, outros sentados, outros ajoelhados... Há os que rezam cantando, os que rezam em voz alta e aqueles que ficam em silêncio... E há também os que dançam...

– E alguns templos têm imagens e outros não – completou Carol.

– Quais são as religiões que adotam imagens e quais as que não adotam? – perguntou Pchemek, para ver se eles tinham boa memória.

– Ah! Isso é fácil – respondeu Davi. – Os judeus, os muçulmanos e os evangélicos não têm imagens nos seus templos. E os católicos, os budistas e os hindus têm!

– E no centro espírita, Pchemek, como é? Como vocês oram? – quis saber Uirá.

– O centro espírita é onde os espíritas se encontram para estudar, orar, fazer cursos, assistir a palestras, debater, ensinar o espiritismo para jovens e crianças, realizar reuniões mediúnicas, fazer trabalhos sociais. Mas não é um local sagrado como uma igreja ou um templo. Não há imagens nem altares de culto. O centro pode ser um local simples, com apenas mesas e cadeiras. Os espíritas também podem se reunir em casa para orar.

– Será que Deus ouve todas as orações, em todas as línguas, de todos os jeitos, em todos os templos? – refletiu Susi.

– Ah! Eu acho que sim – respondeu Bantinho. – Só pode ser. Se Deus é o Pai de todos, Ele ouve todos os Seus filhos, não importam o jeito de falar, a língua em que se reza, nem o nome que lhe dão!

– Então, vamos orar nós também! – sugeriu Muhamed. – Cada um ora do jeito que quiser!

# Orações

As crianças oraram com palavras espontâneas, guiadas pelo coração. Mas, curiosas que eram, foram pesquisar e acharam três orações, uma judaica, uma cristã e uma muçulmana:

"Senhor, tu foste nosso abrigo,
de geração em geração.
Antes que nascessem os montes
E que gerasses terra e mundo,
Desde sempre, para sempre, tu és Deus."
(Oração judaica, salmo 90.)

"Vamos, agora age, Senhor,
agita-nos, convoca-nos,
dá-nos logo tua luz, leva-nos contigo;
faze sentir teu calor e tua doçura:
depois vamos todos nos amar, e correr pelos campos."
(Oração cristã, Santo Agostinho.)

"Tu estás oculto de nós
embora os céus estejam repletos
de Tua luz,
que é mais brilhante que o Sol e a Lua!
Tu estás oculto
E, no entanto, revelas nossos segredos ocultos!
Tu és a fonte que faz correr os nossos rios.
Tu estás oculto em Tua essência,
Mas visível em Tuas dádivas."
(Oração muçulmana, Rumi.)

(Extraídas de *Sede de Deus, orações do judaísmo, cristianismo e islã,* organizadas por Faustino Teixeira e Volney J. Berkenbrock. Editora Vozes.)

## Você pode...

- ... reunir-se com sua turma na sala para fazer uma prece em conjunto. Você pode orar do jeito que preferir, em voz alta, para os colegas ouvirem, ou em silêncio. Ou, ainda, vocês podem fazer uma oração espontânea em conjunto, em que um começa a oração e o outro continua. O importante é pensar que você está rezando no meio de pessoas queridas.

Depois da oração, a turma viu que chegou um *e-mail*.

– Vejam! Vejam! – gritou Uirá. – É uma mensagem da Dora e do Alessandro.

Queridos,

Vocês sabiam que algumas pesquisas mostram que a oração faz bem para a saúde? Temos um amigo médico, o dr. Franklin, que trabalha na Universidade de São Paulo e fez um curso nos Estados Unidos sobre esse assunto. Se vocês quiserem entrevistá-lo, podem mandar as perguntas que nós as repassamos para ele.

Beijinhos,

Dora e Alessandro

# Entrevista de verdade

Mais que depressa, Mirela pensou nas perguntas e as enviou. O resultado foi este:

**Pergunta:** Dr. Franklin, é verdade que rezar faz bem à saúde?

**Resposta:** Sim, é verdade. Durante muito tempo acreditou-se, erroneamente, que orar não tinha nenhuma importância para a saúde, mas nos últimos vinte anos milhares de pesquisas estão sendo feitas em todo o mundo mostrando que rezar nos ajuda a viver não só mais saudáveis, como a viver mais.

**Pergunta:** Qualquer oração, de qualquer religião, faz bem?

**Resposta:** As pesquisas mostram que rezar faz bem independentemente da religião da pessoa, seja ela católica, protestante, espírita, budista, islâmica, etc.

**Pergunta:** E é melhor orar em casa ou na igreja?

**Resposta:** Os estudos apontam, de início, que orar em casa parece ser mais eficaz do que em local religioso. A ciência não tem, ainda, uma explicação para esse fenômeno.

**Pergunta:** A oração pode curar alguma doença?

**Resposta:** A oração pode ajudar na cura de várias doenças, mas ela *nunca* deve ser utilizada *sozinha* para tratar uma doença, seja uma simples gripe ou algo mais sério e grave.

**Pergunta:** E os médicos, eles podem orar com os doentes?

**Resposta:** Os médicos podem orar com seus pacientes, mas, para que isso aconteça, tanto o médico como o paciente devem se sentir bem com essa atitude.

**Agradecimento**: Muito obrigada! Foi bem legal!

(Franklin Santana Santos é médico geriatra e pesquisador do Hospital das Clínicas da Faculdade de Medicina da USP.)

## Aumente o que você sabe!

Faça uma pesquisa entre seus amigos e familiares, na escola e em casa, com as seguintes perguntas:

- Você ora?
- Onde?
- De que maneira?
- Quantas vezes por dia, por semana ou por mês?

# Cante com a gente!

▪ Este é um dos *spirituals* (música religiosa dos negros norte-americanos) mais famosos nos Estados Unidos, de autoria anônima, provavelmente ainda da época da escravidão:

**He's got the whole world in His hands**
*(Ele tem o mundo inteiro nas mãos)*
**He's got the whole world in His hands**
**He's got the whole world in His hands**
**He's got the whole world in His hands**
**He's got the wind and the rain in His hands**
*(Ele tem o vento e a chuva nas mãos)*
**He's got the wind and the rain in His hands**
**He's got the wind and the rain in His hands**
**He's got the whole world in His hands**
*(Ele tem o mundo inteiro nas mãos)*
**He's got the Little Bitty Baby in His hands**
*(Ele tem o pequeno bebê nas mãos)*
**He's got the Little Bitty Baby in His hands**
**He's got the Little Bitty Baby in His hands**
**He's got the whole world in His hands**
*(Ele tem o mundo inteiro nas mãos)*
**He's got you and me brother in His hands**
*(Ele tem a mim e a você nas mãos, irmão)*
**He's got you and me sister in His hands**
*(Ele tem a mim e a você nas mãos, irmã)*
**He's got you and me brother in His hands**
**He's got the whole world in His hands**
*(Ele tem o mundo inteiro nas mãos)*

# A natureza cheia de espíritos e deuses

# 8

No dia seguinte, Pchemek não foi à escola, mas deixou um bilhete avisando as crianças que voltaria mais tarde. Porém, havia uma pessoa na sala. Era um homem impressionante: um indígena alto, moreno – só que não era índio brasileiro, não. Era um índio norte-americano, daqueles que usam roupas coloridas e longas tranças no cabelo.

As crianças o rodearam, admiradas. Ele as saudou com a mão no peito e, em seguida, falou numa língua muito diferente, mas que, magicamente, todos entenderam:

– Sou da nação Lakota, das tribos Sioux. Pediram-me que viesse aqui para falar com vocês. Venho da região de Dakota do Sul, onde meus avós caçavam búfalos e onde nós ainda adoramos *Wakan Tanka*, ou, como os brancos traduziram, O Grande Espírito.

Todos estavam impressionados com as palavras do índio sioux. E ele continuou a falar, com voz calma, pausada e grave:

– Antes de os brancos chegarem, vivíamos tranquilos em nossas terras. Para nós, a terra é sagrada, pois o Grande Espírito está nela, nas plantações, em todas as coisas, todos fazemos parte do Grande Espírito. Por isso a terra não pode ser minha, nem tua, nem de ninguém; ela é de todos, e todos podemos usá-la.

– Aqui no Brasil os brancos tiraram a terra dos índios... – comentou Uirá.

MARILYN ANGEL WYNN/NATIVESTOCK PICTURE/CORBIS/LATINSTOCK

Indígenas norte-americanos em reserva no estado de Dakota do Sul, nos Estados Unidos.

– Sim, isso é verdade. Os brancos fizeram isso com nossos irmãos indígenas brasileiros. O mesmo aconteceu com incas, astecas e maias, que foram massacrados. Mas sabe o que nós, sioux, fizemos no dia 20 de dezembro de 2007? Declaramos a nossa independência. Já que os brancos nunca cumpriram nenhuma promessa, nem respeitaram nenhum tratado, resolvemos criar a nossa própria república.

– Mas será que os brancos vão permitir isso? – espantou-se Mirela.

– Já fizemos. Agora vamos ver no que vai dar. Crianças, aprendam a não desejar riquezas desrespeitando a vida e os seres humanos. A nossa maior riqueza é a natureza, a terra, as pessoas que vivem nela. Em 1980, o governo norte-americano nos ofereceu 122 milhões de dólares para compensar as terras que nos tomaram. Hoje, esse valor já chega a 1 bilhão. Nós não aceitamos. Queremos a terra, a liberdade, o direito de existir e respirar *Wakan Tanka*.

Mal terminou de falar, o índio sioux saiu pela porta. As crianças o seguiram, no entanto ele já tinha desaparecido pelo corredor.

– Que coisa inacreditável! – murmurou Bantinho. – Será verdade essa história de que eles proclamaram a própria república? Vamos procurar na internet!

E, de fato, após pesquisarem, viram que era verdade.

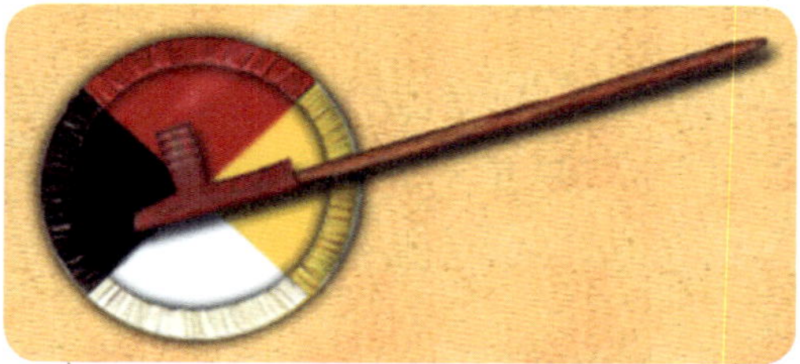

REPRODUÇÃO

Emblema da República de lakotah, nação indígena norte-americana que reivindica independência.

Carol disse:

– Eu fiquei interessada de verdade foi em saber se aquele *Wakan Tanka,* ou Grande Espírito, de que ele falou é o mesmo Deus que estamos procurando.

– Acho que sim – comentou Davi.

Pensando em voz alta, Uirá falou:

– Mas o Grande Espírito não é um deus separado de tudo, ele faz parte de todas as coisas do universo.

As crianças ficaram pensativas naquele dia e foram embora para casa com a cabeça cheia de perguntas.

## Belas vidas: Pocahontas

KEAN COLLECTION/HULTON ARCHIVE/GETTY IMAGES STAFF

Pintura retratando o casamento de Pocahontas e John Rolfe.

Muitos acham que Pocahontas é apenas uma personagem de uma história da Disney, mas ela existiu de verdade. Nascida no século XVI nos Estados Unidos, numa tribo indígena que era governada por seu pai, chamado Powhatan, tornou-se muito famosa por ter se casado com o inglês John Rolfe. Ele, que vivia nos Estados Unidos como agricultor, conheceu a índia e se apaixonou por ela. Os dois se casaram em 5 de abril de 1614 e tiveram um filho chamado Thomas Rolfe. Essa união trouxe um pouco de paz entre os índios e os colonizadores ingleses da região em que se localizava a tribo. Durante uma viagem que fizeram juntos para a Europa, ela ficou doente e morreu. Rolfe deixou cartas falando do seu grande amor por ela.

## Assista a um filme!

Assista com seus amigos ao desenho animado *Pocahontas* (1995), da Disney, que mostra o grande amor que essa índia norte-americana nutria pela natureza.

No outro dia, a turminha recebeu mais um *e-mail* da Dora e do Alessandro:

Queridos amigos viajantes e pesquisadores que andam buscando Deus em todos os lugares!

Não se esqueçam dos nossos índios, os índios brasileiros!

Durante muito tempo eles foram vítimas do preconceito dos brancos, que achavam que eles não tinham religião. Mas a religião indígena é cheia de histórias, mitos e relatos fantásticos. Tem suas crenças, valores, rituais, danças e cultos.

Para os povos indígenas, muitas coisas são divinas: a terra de onde surge a vida, os espíritos dos que morreram, a natureza, que é comandada por espíritos e deuses. O espírito do curupira, por exemplo, representado por um pequeno índio de cabelos vermelhos, tem a função de defender a natureza. Ele assusta quem a maltrata.

Os indígenas cantam e dançam para pedir aos deuses e espíritos que controlam a natureza chuvas e boa colheita e também para festejar um casamento ou uma vitória na guerra. Homens e mulheres participam desses rituais.

Os indígenas são politeístas, isto é, acreditam em muitos deuses. Mas, quando os portugueses chegaram, acharam que Tupã, cultuado pelos tupi-guarani, era o Deus supremo deles, o grande Pai, o Criador de todas as coisas. Tupã tinha uma esposa – Jaci –, que era a Lua.

Algumas pessoas acham que os brancos, quando chegaram ao Brasil, nas terras que pertenciam aos índios, fizeram uma interpretação de Tupã, à maneira do Deus dos brancos, que também é criador e pai... Essa é uma boa discussão.

Aconselho vocês a lerem a opinião de um filólogo, um estudioso das línguas, para saber mais sobre a palavra "Tupã".

Beijocas mil,

Dora e Alessandro

Uirá falou:

– Antes de procurar o filo... ló... lógo..., eis aqui um pedaço de um livro escrito com a ajuda dos índios Ticuna. É bem parecido com o que o índio *Sioux* disse.

## O poeta fala

### A vida junto com a floresta

A nossa riqueza é a terra.
Na terra podemos formar nossas aldeias,
Podemos cultivar nossas roças.
Nos rios, igarapés e lagos podemos pescar.
Na floresta que cobre a terra tem
Caça, remédios, frutas.
Tem madeira para construir a casa.
E madeira para construir a canoa.
Tem materiais para fabricar
Os objetos da casa,
Os brinquedos e os enfeites,
As tintas para pintar.
Tem materiais para fazer as festas,
As máscaras e os instrumentos musicais,
Para fazer música.
Da floresta vêm as histórias para contar
E os espíritos que ajudam a curar.
Nossa vida anda junto com a floresta.

VALDEMIR HERCULANO JONAS

Ilustração de Valdemir Herculano Jonas para *O livro das árvores*.

(Extraído de *O livro das árvores*, organizado pelos professores Ticuna bilíngues. São Paulo: Global, 2000.)

– É isso, pessoal – comentou Susi. – Parece que tudo o que os índios fazem, tudo em que acreditam, tudo o que eles são está ligado à terra!

– E foi justo isso que os brancos tiraram deles: a terra! – finalizou Mirela.

## Vamos conversar!

- O que você percebeu de semelhante entre os índios norte-americanos e os índios brasileiros?
- Será que suas histórias são parecidas? E quanto às ideias religiosas, são parecidas?
- É possível ainda, depois de quinhentos anos, mudar aqui no Brasil a história dos povos que sobreviveram? Como?

## Resumo da conversa

Escreva aqui as conclusões a que vocês chegaram.

## Você pode...

- ... fazer uma pesquisa no *site* do Instituto Socioambiental sobre os vários povos indígenas que ainda vivem no Brasil. Entre no *site* www.socioambiental.org/pib e veja quantas fotografias e quantas informações você vai encontrar.

No dia seguinte, as crianças foram procurar a pesquisa do filólogo sobre a qual a Dora e o Alessandro falaram no *e-mail*. Não era muito fácil de entender à primeira vista, mas depois de ler com atenção, acharam bem interessante.

# De onde vem a palavra *tupã*?

O nosso ponto de vista é que a palavra *tupã'* ou *tupana* é composta de *tu,* que tem som de "golpe", e *pana* (ou *pã*), palavra também com som, designativa de "pancada, barulho, som". (...) É o trovão. A esse respeito, vejamos o testemunho dos padres Manuel da Nóbrega e José de Anchieta a seguir:

Falando sobre os Tupinambá e os Tupiniquim, Nóbrega assim escreve, na carta sobre as *Informações das terras do Brasil:* "Essa gentilidade (não cristãos) nenhuma cousa adora, nem conhece a Deus; somente aos trovões chama Tupane, que é como diz coisa divina. E assim nós não temos outro vocábulo mais conveniente para os trazer ao conhecimento de Deus, que chamar-lhe Pae Tpuane" *(Cartas jesuíticas, I;* Manuel da Nóbrega:

*Cartas do Brasil, 1549-1560,* p. 99).

E o padre Anchieta, nas suas *Informações do Brasil e de suas Capitanias,* 1584, assim escreve: "Nenhuma criatura adoram por Deus, somente aos trovões cuidam que são Deus...".

A palavra *tupana* primeiramente significou o trovão, que era também a representação do poder divino, e daí significou o próprio Ser Supremo. Por isso os jesuítas a aplicaram a Deus (...). Os índios, atribuindo a Deus a mesma palavra que designava o trovão, não fugiram à regra geral. (...) No indo-europeu, a palavra *Deus* vem da raiz *div,* que significa "brilhare". Daí temos *devas* no sânscrito, *deus, divus, divinus* no latim, *zeus* (*dieus*), *dios* no grego, etc. Daí, também, vêm as palavras *dies* do latim, *diaus,* o céu luminoso, do sânscrito, etc. Por conseguinte *Deus,* no indo-europeu, era "o brilhante, o resplandecente", na maioria dos seus dialetos (...). Ora, estas formas são derivadas da raiz *el,* que significa: "força, forte" (...), há as palavras *ilah* do árabe (que com o artigo faz Ala), *elah* do aramaico, *alâha* do siríaco. Deus seria para estes "o forte, o poderoso". Portanto, não tememos em afirmar que a palavra *tupã,* ou melhor, *tupana,* significando "trovão", possa designar também o Ser Supremo, principalmente se considerarmos que, entre os romanos, Júpiter *(diupater),* o pai dos deuses, era chamado *Tonans,* "o tonante, o retumbante".

(Geraldo Calábria Lapenda. Publicado originalmente em *Boletim Universitário* da Faculdade de Filosofia de Pernambuco, 15 jun. 1953.)

# Cante com a gente!

## Ecológica

Eu quero ver pato pateta da janela
E não dentro da panela,
Que eu não como pato, não,
E quero ver a focazinha em alto-mar
Alegre e livre a saltitar
Senão me dói o coração!

Não quero ver o passarinho na gaiola
Nem o sol como uma bola,
Por detrás da poluição.
Eu quero ver é muito verde pela rua
E de noite, a branca lua,
Clareando a imensidão!

Eu quero ver muita baleia esguichando
No mar limpo, azul, brilhando,
E se abrindo na amplidão
E quero ver em cada esquina deste mundo,
Um macaquinho vagabundo
E o belo rei mico-leão!

Eu quero ver é qualquer próxima floresta,
Verdejante, toda em festa
E ver água no sertão.
E quero a vida sendo sempre respeitada
E a natureza bem-amada
Tendo a nossa gratidão!

(Letra e música: Dora Incontri.)

# Deus nos livros

9

Aquela busca por Deus sempre trazia surpresas. Naquele dia, os autores do livro de que a turma estava participando entraram na sala de repente, sem avisar, com um pacote na mão. As crianças logo cercaram Dora e Alessandro, recebendo-os com beijos e abraços. Em seguida Mirela abriu o embrulho, dentro do qual estavam os seguintes livros: a *Bíblia,* o *Alcorão,* os *Analectos,* o *Bhagavad-Gita,* o *Tao-te-King,* o *Livro dos Espíritos* e o *Tanach.* Todos estavam escritos em português, menos o *Tanach,* cuja edição era hebraico-inglesa.

– Estamos aqui hoje para juntos procurarmos Deus nos livros... Esses são os livros mais importantes de algumas religiões – comentou Dora, depois de sentar-se junto com Alessandro ao lado da turma entusiasmada.

– Que maravilha!

– Que bom!

– Que interessante! – disseram as crianças.

– Todos esses livros falam de Deus? – Mirela foi logo perguntando.

– Sim e não! – respondeu Alessandro, sorrindo e piscando um olho. – Vamos ver daqui a pouco.

Mirela, Susi, Uirá, Bantinho, Davi, Carol e Muhamed pegaram os livros e, sentados no chão, começaram a folheá-los. Foi então que Dora falou, muito séria:

– Eu proponho que façamos uma meditação com esses livros.

– Meditação? Como é que se faz isso? – indagou Davi.

– Primeiro colocamos uma música bonita e suave, então cada um escolhe um trecho de um livro que o tocar mais e lê em voz alta. Escutamos, pensamos, sentimos, com um silêncio dentro e fora de nós! – explicou Dora.

Todos gostaram da ideia. As crianças escolheram uma música bem tranquila para relaxar. Cada um pegou um livro e leu aquilo que o encantou mais. Não era um momento de discutir, conversar, ou rir, e sim de mostrar profundo respeito pelas palavras que estavam sendo lidas, pois elas ajudavam a sentir a presença de Deus.

Carolzinha foi a primeira a ler. Ela escolheu o salmo 1 do *Tanach* e da *Bíblia*:

*Feliz a pessoa que não segue o conselho dos maus, mas que encontra sua alegria na Lei do Eterno e pensa nessa Lei dia e noite! Essa pessoa será como uma árvore, plantada à beira de um riacho, que dá frutos na sua estação e cujas folhas não murcham: tudo o que ela fizer dará certo.*

Depois foi a vez de Bantinho, que ficou admirado com estas palavras do *Alcorão*, sura XXXV:

*Louvor a Deus,*
*Criador dos céus e da terra,*
*Que toma por seus mensageiros os Anjos,*
*Munidos de duas, três ou quatro asas!*
*Ele junta à criação o que ele quer*
*Deus tem poder sobre todas as coisas –*
*Nada detém*
*O que Deus concede aos homens de sua misericórdia,*
*E ninguém, senão ele, pode dar o que ele detém*
*– Ele é o Poderoso, o Sábio –*
*Ó vós, homens!*
*Lembrai-vos dos benefícios de Deus para vós!*

Em seguida Susi começou a sua leitura do *Bhagavad-Gita* (capítulo 6):

*Aquele, cuja alma se uniu assim a Deus, em Deus, e Deus em todas as almas, vê tudo em Deus. Em verdade te digo que aquele que Me vê em tudo e todo o Universo em Mim, nunca me abandonará e nunca será por Mim abandonado. Para sempre estará ligado a Mim, pelos laços preciosos do Amor. Quem me reconhece em todos os seres, ama-Me e Comigo se une, participa da vida eterna do Meu Ser, qualquer que seja o modo de vida exterior neste mundo.*

Quando chegou a vez de Uirá, ele escolheu ler um trecho de *Analectos* 8.13, 12.2 e 20.1:

*Preserva a fidelidade, ama o aprender, defende o bom Caminho com tua vida. Aquilo que não desejas para ti mesmo não imponhas aos outros. A justiça traz alegria.*

Davi participou com a leitura do *Tao-te-King,* XXXIII:

*Quem conhece os outros é inteligente.*
*Quem conhece a si mesmo é sábio.*
*Quem vence os outros é forte.*
*Quem vence a si mesmo é poderoso.*

Mirela leu um texto da *Bíblia* escrito pelo apóstolo Mateus (6, 9-14):

*Portanto, orai vós deste modo:*

*Pai nosso que estás nos céus, santificado seja o teu nome; venha a nós o teu reino, seja feita a tua vontade, assim na terra como no céu; o pão nosso de cada dia, dá-nos hoje; e perdoa as nossas dívidas, assim como nós também perdoamos aos nossos devedores; e não nos deixes cair em tentação; mas livra-nos do mal. Amém.*

Por fim, Muhamed leu este pedacinho do *Livro dos Espíritos*, itens 13 e 649:

> *Deus é eterno, é imutável, é imaterial, é único, é todo-poderoso, é soberanamente justo e bom. A verdadeira adoração é a do coração. Em todas as vossas ações, pensai sempre que o Senhor vos observa.*

## O poeta fala

E Muhamed termina com um poeminha seu:

Deus Pai,
Deus Senhor,
Quem é que vai
Devolver seu amor?
Você nos deu a vida,
Nos deu a natureza,
Nos deu toda a beleza
De ser e de existir!
Quem poderá algum dia
Descrever a alegria
De ter você como Pai?
Pois sua presença não sai
De dentro de nós
Nem de fora de nós!
Escute a nossa voz
De gratidão e de amor,
Nosso Deus,
Nosso Senhor!

Quando todos terminaram, havia na sala uma sensação de paz e felicidade. Muitos estavam emocionados. Alessandro falou:

– Nós acabamos de fazer o que se chama um *culto ecumênico:* lemos livros de várias religiões, oramos de diferentes maneiras.

As crianças gostaram muito desse tipo de culto, e Mirela, inquieta como sempre, foi logo dizendo:

– Precisamos saber mais sobre esses livros que acabamos de ler. Vamos fazer uma pesquisa!

– Ótima ideia! – emendou Dora. – Vocês fazem a pesquisa e nós colocamos o resultado em nosso livro. Amanhã, será o encerramento deste volume. Então, vamos ter várias surpresas!

– Até amanhã, pessoal! – completou Alessandro, despedindo-se.

E este foi o resultado da pesquisa feita pela turma:

# As religiões e seus livros

ASSOCIAÇÃO BBT BRASIL/THE BHAKTIVEDANTA BOOK TRUST/ARQUIVO DA EDITORA

Capa do livro *Bhagavad-Gita – Como ele é*, publicado pela Associação BBT Brasil em parceria com a The Bhaktivedanta Book Trust, em 2008.

*Bhagavad-Gita*: Quer dizer "Sublime Canção". Um dos livros mais importantes da tradição hindu é o *Mahabharatha*, dentro do qual está contido um belíssimo texto poético religioso – o *Bhagavad-Gita*. O livro reproduz a conversa entre o guerreiro Arjuna e Krishna, que é a encarnação de Deus. O mais interessante é que essa conversa se passa num campo de batalha, antes do início de uma guerra. Arjuna está confuso e perdido sobre o que fazer em relação à batalha que está prestes a iniciar e recebe os ensinamentos de Krishna, que o instrui no caminho da libertação e da renúncia. Na conversa entre os dois, muitos pontos importantes da filosofia indiana são discutidos, como o respeito à vida em todas as suas formas e o princípio da não violência. Língua original: sânscrito.

ATTAR/ARQUIVO DA EDITORA

*Tao te King*: O "livro do caminho da virtude" foi escrito pelo grande sábio Lao-Tsé (alguns escrevem Lao-Tzu, ou ainda Lao-Tseu). É o livro principal do taoismo, uma religião chinesa. São palavras poéticas e sábias que ensinam o Caminho (*Tao*), um caminho de sabedoria, amor e beleza. Língua original: mandarim.

Capa do livro *Tao te King*, de Lao-Tsé, publicado pela editora Attar, em 2001.

*Os analectos*: Trata-se do livro mais importante do confucionismo, pois nele estão contidos os ensinamentos do filósofo chinês Confúcio. Obra de enorme influência sobre a cultura, a educação e a política chinesas, retrata o relacionamento amoroso e dedicado do sábio com seus discípulos. Confúcio aparece em belas conversas com eles a respeito dos valores morais, na sua opinião o que há de mais importante a se conquistar na vida. Ele fala sobre a sabedoria, a coragem, a benevolência, o bem-estar do povo. Para Confúcio, as pessoas devem aprender a se compreender e a se respeitar. Nisso se resumem seus ensinamentos. Língua original: chinês.

MARTINS FONTES/ARQUIVO DA EDITORA

Capa do livro *Os Anacletos*, de Confúcio, editado pela Martins Fontes em 2005.

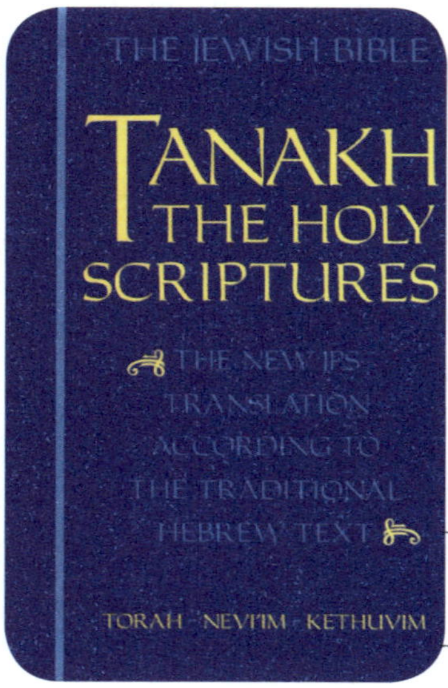


JEWISH PUBLICATION SOCIETY OF AMERICA/ARQUIVO DA EDITORA

*Tanach*: Livro sagrado do judaísmo, também é chamado de a "Bíblia dos judeus". É composto de muitos livros, dos quais os cinco primeiros formam a *Torah*. No *Tanach* são narradas diversas passagens da história do povo judeu e sua peregrinação rumo à Terra Prometida, além de histórias dos patriarcas. Conta ainda com um conjunto de leis políticas e culturais e as leis religiosas sobre a criação do

Edição inglesa de 1985 do livro *Tanach*, publicado pela Jewish Publication Society of America.

mundo, a origem da humanidade e a presença de Deus. Essa é a obra responsável por inaugurar, na história da humanidade, a tradição da crença num único Deus. Grande parte do *Tanach* constitui o Velho Testamento da *Bíblia* cristã, ou seja, há vários livros que judeus e cristãos têm em comum. Quando uma pessoa deseja ler um salmo, tanto faz se escolhe lê-lo no *Tanach* ou na *Bíblia*. As diferenças em geral são apenas de tradução. Línguas originais: hebraico e aramaico.

*Bíblia*: A palavra "Bíblia", de origem grega, significa "livros" ou "reunião de muitos livros". Composta do Antigo Testamento, aceito pelos judeus, e do Novo Testamento, base da fé cristã, na *Bíblia* se conta a história de Jesus e se fala sobre seus ensinamentos. Muito rico, cheio de histórias e ensinamentos profundos, é o livro mais lido do mundo. Há cristãos que a consideram a palavra de Deus: tudo o que está escrito nela deve ser aceito sem ser analisado. Outros dizem que ela foi inspirada por Deus, porém, como foi escrita pelos homens, deve ser interpretada e não tomada ao pé da letra. Há ainda os que são da opinião de que se trata apenas de uma obra histórica, escrita por seres humanos, sem a participação de Deus. De qualquer forma, a *Bíblia* é o livro que mais influenciou as culturas ocidentais. Línguas originais: aramaico e grego.

EDIÇÕES PAULINAS/ARQUIVO DA EDITORA

Capa da *Bíblia Sagrada*, publicação de 1990 coeditada pela Sociedade Bíblica Católica Internacional e pela Edições Paulinas.

*Alcorão* ou *Corão*: Livro sagrado dos seguidores do islamismo, foi revelado a Maomé pelo anjo Gabriel trecho por trecho ao longo de 23 anos. Conforme recebia a inspiração, o profeta pedia às pessoas com as quais convivia para fazerem o registro das palavras a ele reveladas. Para os muçulmanos, que são aqueles que creem no Islã, os princípios transmitidos pelo profeta Maomé são a palavra de Deus e devem ser seguidos sem contestação. Assim como a *Bíblia*, está entre os livros mais lidos do mundo. Os muçulmanos devem se referir ao livro com o máximo de respeito. Língua original: árabe.

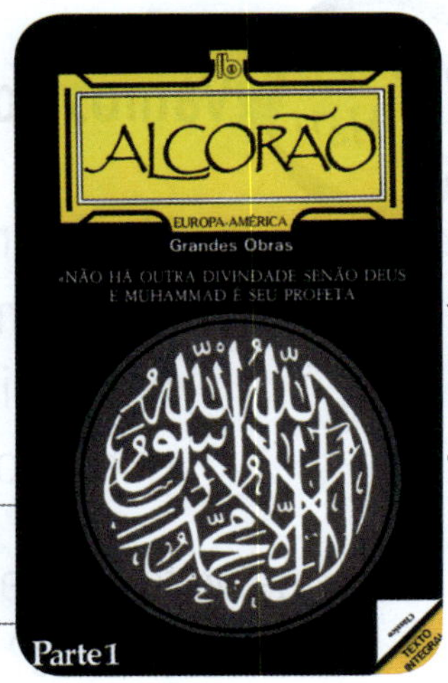


PUBLICAÇÕES EUROPA-AMÉRICA/ARQUIVO DA EDITORA

Capa de uma edição do *Alcorão* de 2002, publicada pela Publicações Europa-América.

*O livro dos espíritos*: É o primeiro de uma série de cinco livros em que estão contidas as diretrizes principais do espiritismo. Não são considerados sagrados pelos espíritas. Foram escritos por Allan Kardec, com a ajuda dos espíritos, que são os mensageiros de Deus, e por intermédio de médiuns. Os médiuns são pessoas que têm a capacidade de entrar em contato com os espíritos. Os seres humanos que recebem esses ensinamentos devem analisá-los e criticá-los, sem aceitar tudo cegamente. Foi o que Kardec fez. *O livro dos espíritos* foi publicado em 18 de abril de 1857 sob a forma de perguntas e respostas. Trata de diversos assuntos importantes, entre os quais Deus, o Universo, a vida após a morte, a reencarnação, as leis morais. Língua original: francês.

FEDERAÇÃO ESPÍRITA BRASILEIRA/ARQUIVO DA EDITORA

*O livro dos espíritos*, capa da edição de 2007 da principal obra de Allan Kardec, publicada pela Federação Espírita Brasileira.

## Blá!! Blá!! Vamos conversar!

- Você tomou conhecimento da existência de vários livros religiosos e leu um trecho de cada um. Na sua opinião, todos eles podem nos ensinar alguma coisa boa? Se você respondeu *sim* a essa pergunta, o que podemos aprender com essas obras?
- O que você pensa das pessoas que seguem uma religião, mas conhecem os livros das outras? O que isso pode trazer de bom?

# Resumo da conversa

Registre aqui as conclusões a que você e seus amigos chegaram.

# Cante com a gente!

## Amiga do livro

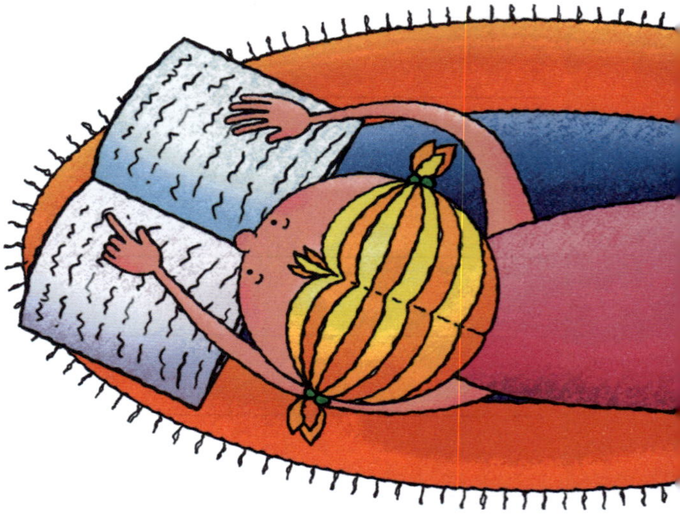

Desde que eu era pequena,
Tenho um amigo genial.
Quando me tranco com ele,
Não há sol, nem temporal!

Pego carona na página,
Para mudar de planeta.
Ando abraçada na Lua
E passo a mão num cometa.

Visito terras distantes
Com umas poucas letrinhas.
Faço sonhos, cada frase,
Imagens que são só minhas!

Refrão
*Esse amigo não tem boca,*
*Mas me conta tanta história*
*De assuntos coloridos*
*Que enfeitam minha memória.*

*Esse amigo não tem olhos,*
*Mas vou vendo no papel*
*Coisas que nunca enxerguei*
*Feitas de luz e de mel.*

Cada livro, amigo novo,
Acende em mim pensamentos,
Ideias, invencionices,
A cabeça ganha aumentos.

Depois da última página,
Vou colher flores no mato,
Ver a cidade, as estrelas,
Pegar no rabo do gato.

Vou descansar da leitura,
Mas levo cheio o coração.
Dentro de mim ficam flores
De ideias que os livros dão!

(Letra e música de Dora Incontri.)

## Pinte o sete!

Escolha a estrofe de que você mais gostou da canção "Amiga do livro", na página ao lado, e faça uma colagem para ilustrá-la. Procure em revistas figuras ou cenas que se relacionem com o significado da estrofe e faça a sua montagem.

## Você pode...

- ... escrever uma quadrinha ou um pequeno texto contando o que os livros significam para você.

# 10

Finalmente chegou o último dia de aula daquele ano de tantas pesquisas, tantas surpresas, tantas descobertas. As crianças tinham preparado uma festinha, mas não sabiam quem viria. Estavam muito ansiosas. Numa mesa com flores, havia sucos, frutas, pães e doces.

Enquanto esperavam, resolveram conversar um pouco mais sobre Deus.

– Pois é, vejam só, gente, muitas pessoas não acreditam em Deus – comentou Muhamed.

– Até que não é tanta gente assim! – respondeu Susi. – Olhem essa pesquisa que eu fiz sobre o ateísmo.

– Nossa, que metida! – disse Mirela, fazendo uma careta.

# O ateísmo

Nem todo mundo acredita em Deus. Há muitas pessoas que negam a sua existência – são os chamados *ateus*. Essa palavra é de origem grega e significa "sem Deus". As primeiras formas de ateísmo são antigas, apareceram mais de 2 mil anos atrás, na filosofia grega. Mas foi a partir do ano de 1800 que muitos pensadores passaram a afirmar que Deus não existe, por considerarem-No uma invenção da cabeça dos seres humanos. Na Antiguidade o homem não conseguia explicar a natureza e o mundo que o cercava, por isso, admirado e temeroso ao mesmo tempo, inventou os deuses, por meio dos quais elaborou explicações sobre as coisas do mundo e da vida. Alguns filósofos achavam necessário acabar com essa fantasia, e um deles, o alemão Friedrich Nietzsche, até disse que Deus morreu. Mas para muitos pensadores essa questão não foi resolvida e ainda hoje se discute se Deus existe ou não. Pesquisas revelam que atualmente o número de ateus corresponde a 4% da população mundial. No Brasil, segundo uma pesquisa do Datafolha de 2007, apenas 1% dos brasileiros não acredita de jeito nenhum em Deus; 97% deles acreditam totalmente e 2% duvidam. De modo geral, pode-se dizer que a maior parte dos seres humanos crê em algum tipo de Deus.

### Vamos conversar!

- As pessoas têm o direito de acreditar no que quiserem e também de não acreditar em nada. Você concorda com isso? Por quê?

- O que levaria uma pessoa a ter fé em Deus e uma outra a não ter?

## Resumo da conversa

Escreva aqui as ideias sobre as quais vocês conversaram.

________________________________________

________________________________________

________________________________________

________________________________________

________________________________________

________________________________________

________________________________________

– Mas será que quem não acredita em Deus é diferente de quem acredita? – refletiu Bantinho.

– De jeito nenhum!!! – respondeu uma voz que vinha entrando pela sala. Era Dora, acompanhada de Alessandro e de Pchemek.

– Quanta gente diz que acredita em Deus, mas acaba matando seu próximo? – completou Alessandro, enquanto todo mundo se abraçava.

– Vai ver que as pessoas que não acreditam em Deus não conseguem acreditar por causa daquelas que acreditam e fazem coisas tão ruins, como matar... E ainda fazem em nome de Deus! – disse Mirela, pensativa.

– É verdade! – respondeu Alessandro. – O que já houve de guerras, mortes e perseguições, e tudo em nome de Deus... E todas as religiões têm histórias feias nesse sentido.

– Mas, por outro lado – continuou Dora –, os homens e as mulheres mais maravilhosos das várias religiões nunca usaram a violência, sempre praticaram o amor em nome de Deus!

– Vamos então fazer uma última viagem? – perguntou Alessandro. – Vamos conhecer de perto uma pessoa que vivenciou os ensinamentos de Deus de verdade e praticou a não violência.

– Vamos, vamos! – respondeu a turma em coro.

– Aonde vamos e com quem vamos encontrar? – quis saber Carol.

– Vamos para a Índia, para ver Gandhi – respondeu Dora. – Ele foi um grande líder indiano que lutou para libertar seu país do domínio da Inglaterra, e isso sem nunca usar uma arma – sua luta foi feita pelo exemplo, e não pela violência. Antes, vou contar um pouco da história dele num poema que eu fiz.

# Gandhi, o homem da paz

Uma pergunta intrigante
Que alguém pode se fazer:
Será possível lutar
Sem violência e sem poder?

Será que o mal e a injustiça
Poderemos combater
Sem nunca usar uma arma
E tendo a paz por dever?

Por incrível que pareça,
Já mostrou um certo alguém:
Sem sangue, também se luta
Pela justiça do Bem!

Na Índia bela e distante,
Mas perto de nosso tempo,
Nasceu um homem de paz,
Para nos servir de exemplo.

Mohandas Gandhi lutou
uma luta diferente:
Nunca usava de violência,
Respeitando toda gente.

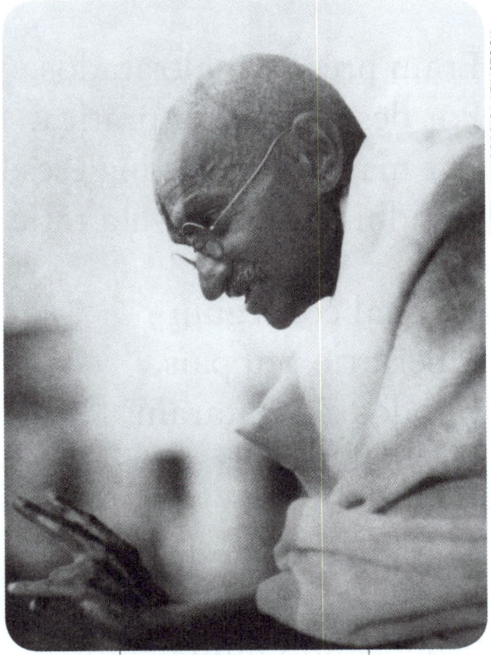

BETTMANN/CORBIS/LATINSTOCK

Mahatma Gandhi.

GIDEON MENDEL FOR ACTION AID/CORBIS/LATINSTOCK

Crianças indianas em fila de comida em Bihar, Índia, em foto de agosto de 2007.

Se havia uma lei injusta,
Ninguém prestava obediência,
Mas, ante os ingleses fulos,
Ninguém fazia violência.

Eram presos, maltratados,
Por desobediência prática.
Por mais raiva dos ingleses,
Gandhi não mudava a tática.

E afinal conseguiu
Libertar o seu país,
E todos acreditaram
Neste final feliz.

ALTAF QADRI/EPA/CORBIS/LATINSTOCK

Barcos com turistas alinhados na orla do Lago Dal, na Índia.

Mas então os indianos
Puseram-se a guerrear,
Provocando muitas mortes
Dentro de seu próprio lar...

Gandhi fez longo jejum,
jurou não comer mais nada,
até que a última arma
fosse a seus pés estirada.

Já estava quase morrendo
De fome e de inanição,
Quando, tocada de amor,
Pacificou-se a nação.

Muçulmanos e hinduístas,
Religiões então em briga,
Juraram ao pai amado
Uma convivência amiga.

Mas um próprio hindu irmão
Revoltou-se contra a paz
De muçulmanos e hindus
Que Gandhi julgava iguais!

E afinal certa manhã
Gandhi em meio à multidão
Amparado por sobrinhas
Faria bela oração...

E aproximou-se esse tal
Saudou Gandhi com a mão.
E em seguida disparou
Três tiros no coração.

Gandhi só disse "Oh! Deus!"
Com perdão num olhar seu,
Pela paz, ele vivera,
Pela paz, também morreu...

Todos aplaudiram o poema e estavam loucos para que a viagem começasse logo.

– Gandhi – disse Pchemek, que até então estivera quietinho – teve um grande amigo que o ajudou em sua luta para libertar a Índia. Esse amigo era esperantista e se chamava Edmond Privat. Foi um escritor e jornalista suíço que escreveu sobre a vida de Mohandas Karamchand Gandhi, mais conhecido como Mahatma Gandhi. Privat morreu em 1962.

Todo mundo fechou bem os olhos e embarcou... Era a primeira vez que os autores iam junto numa viagem fantástica da Escola da Tia Sofia!

De repente todos se viram num lugar muito quente, onde havia muita gente transitando. Já conheciam o país: era a Índia. Lembraram-se de quando ali estiveram para encontrar a madre Teresa de Calcutá. Estavam diante de um prédio enorme, antigo, em frente do qual um senhor sorridente e de cabelo todo branco os esperava. Ele os recebeu falando em esperanto:

– Sou Edmond Privat. Fiquei sabendo que vocês vieram até aqui para conhecer Gandhi. Ele está preso – aliás, ele passou vários períodos de sua vida na prisão. Mas ele vai falar conosco.

As crianças, acompanhadas de Dora, Alessandro, Pchemek e do sr. Privat entraram em silêncio, passaram por um guarda de sentinela e deram com a figura de um homem pequeno, magro, vestido de túnica branca, que estava tecendo.

Privat foi o intérprete e traduzia as palavras de Gandhi para o esperanto:

– Olá, minhas crianças – disse Gandhi, com um sorriso meio desdentado e de muita doçura. – Vocês vieram de longe, no tempo e no espaço, para ver um velho tecendo uma roupa simples?

Havia um respeito enorme no ar, e tanto as crianças como os adultos se sentaram no chão em volta de Gandhi. Muhamed tomou a palavra:

– Podemos chamá-lo de *Bapu*, isto é, "pai", como os hindus o chamam?

– Podem!

– Nós estivemos buscando Deus este ano inteiro... – começou Davi.

– Eu tenho buscado Deus a vida inteira... – respondeu Gandhi.

– E o senhor encontrou Deus, *Bapu*? – indagou Bantinho, com os olhos brilhantes.

– Encontrei. Deus é amor e verdade. Está além da palavra e do intelecto. E o amor é a força mais poderosa do universo.

– Mas, se Deus é amor – questionou Uirá –, por que em nome Dele as pessoas fazem guerras, cometem crimes e atos de violência?

– Porque os seres humanos ainda não compreenderam que Deus é amor e que todas as religiões ensinam no fundo a mesma coisa. Vejam vocês: eu fui criado na religião hindu, mas digo que sou hindu, cristão, muçulmano, judeu... Quem sentiu a fundo a sua própria religião é também capaz de sentir a fundo as outras religiões. Deus está presente em todas elas... embora todas estejam cheias de erros humanos. O maior erro é achar que só a sua religião está certa e que todas as outras estão erradas.

– E de onde o senhor tirou a ideia da não violência, de lutar sem usar armas, de trabalhar pelo bem sempre com amor? – perguntou Alessandro, que estava emocionado em falar com Gandhi.

– Tirei principalmente de dois livros, um cristão e um hindu: o *Evangelho* e o *Bhagavad-Gita*. Jesus e Krishna me inspiraram.

A conversa estava muitíssimo interessante e as pessoas ali presentes estavam emocionadas, algumas até com lágrimas nos olhos. Mas o guarda estava olhando feio. Afinal, Gandhi estava na prisão. Ele próprio despediu-se de todos, fazendo o cumprimento indiano: *Namastê* (que quer dizer: "O Deus que há em mim saúda o Deus que há em você"). As crianças e os adultos também o saudaram assim e, dentro de poucos minutos, estavam todos de volta à sala de aula da Escola da Tia Sofia.

Depois desse encontro, só se podia mesmo terminar o livro. Pchemek ia voltar para a Polônia. Dora e Alessandro iam escrever outro livro e as crianças retornariam no ano seguinte para fazer novas pesquisas. Mas se sentiam agora um pouco mais pertinho de Deus.

## Você pode...

- ... fazer uma poesia de encerramento do livro e falar sobre a paz e a não violência que estudamos neste capítulo, ou ainda escolher qualquer outro tema que foi tratado neste volume. Deixe a emoção tomar conta de você e libere a sua criatividade!

# Cante com a gente!

Para terminar o capítulo e o livro, vamos rezar por meio de uma canção: a linda prece feita por outro grande homem de paz, Francisco de Assis.

## Oração de São Francisco

Senhor, fazei-me instrumento de vossa paz.
Onde houver ódio, que eu leve o amor;
Onde houver ofensa, que eu leve o perdão;
Onde houver discórdia, que eu leve a união;
Onde houver dúvida, que eu leve a fé;
Onde houver erro, que eu leve a verdade;
Onde houver desespero, que eu leve a esperança;
Onde houver tristeza, que eu leve a alegria;
Onde houver trevas, que eu leve a luz.
Ó Mestre, fazei que eu procure mais
Consolar que ser consolado;
compreender que ser compreendido;
amar que ser amado.
Pois é dando que se recebe,
é perdoando que se é perdoado,
e é morrendo que se vive para a vida eterna.

# Dicionário das religiões

**Budismo** – Religião nascida na Índia com o príncipe Sidarta Gautama, que, após uma intensa busca de autoconhecimento, se tornou Buda, "o iluminado". Existem diversas tradições no budismo, e para todas Deus não é nem o criador nem o governador. É uma das religiões mais seguidas no mundo, atrás apenas do islamismo, do cristianismo e do hinduísmo. Tem como propósito libertar os seres humanos do sofrimento e desenvolver em todos a compaixão. Segundo o budismo, o ser humano passa por um ciclo de reencarnações até se libertar do sofrimento e atingir a felicidade. Para isso, precisa se conhecer, eliminar os desejos, agir, pensar e falar com amor. Há no budismo alguns aspectos em comum com as religiões tradicionais: orações, sacerdotes, cultos, meditações. A meditação é muito importante porque treina a mente para se concentrar naquilo que é correto.

**Candomblé** – Religião de origem africana que cultua os orixás, que são como os mitológicos deuses gregos. Os orixás estão por toda parte, porém é preciso saber se comunicar com eles para que forneçam as orientações corretas para a vida dos seguidores. Os devotos fazem homenagens e oferendas para convidá-los a virem a Terra, por meio de cânticos e danças e roupas especiais. Os orixás têm personalidades, habilidades e preferências rituais e desejos próprios. Cada um executa uma função no mundo. Os templos do candomblé são chamados de "casas", "roças" ou "terreiros". O candomblé criou raízes no Brasil e influenciou muito a nossa cultura.

**Catolicismo** – Segunda maior religião do mundo, antecedida apenas pelo islamismo. Para os seguidores da Igreja Católica Apostólica Romana, a origem do catolicismo remonta aos discípulos de Jesus. O significado da palavra *católica* é "aquela que serve a todos". A Igreja é apostólica porque vem do tempo dos apóstolos ("aqueles enviados em missão") e romana, porque sua sede fica em Roma. A *Bíblia* é o fundamento das ideias e dos rituais católicos. Deus é o pai e criador de tudo o que existe. Jesus Cristo é o único filho de Deus e foi concebido pelo poder do Espírito Santo, nascendo da Virgem Maria. Depois de morrer na cruz, ressuscitou no terceiro dia e foi morar com Deus. Um dia descerá novamente à terra para realizar o julgamento dos vivos e dos mortos. A figura máxima no catolicismo é o papa, que reside no Vaticano, em Roma. Os católicos acreditam no Espírito Santo, nos santos, na vida eterna, no batismo purificador e na ressurreição dos mortos.

**Espiritismo** – O fundador do espiritismo foi o francês Allan Kardec. Ele não é considerado sacerdote do espiritismo, mas aquele que estudou e organizou o ensinamento dos espíritos. A intenção de Kardec era provar a existência dos espíritos. No espiritismo não há templos, nem sacerdotes ou rituais, como em outras religiões. Kardec queria a ligação direta do homem com Deus por meio da prece e das boas ações. As ideias espíritas encontram-se nas cinco principais obras de Allan Kardec: *O Livro dos Espíritos*, *O Livro dos Médiuns*, *O Evangelho segundo o Espiritismo*, *O Céu e o Inferno* e *A Gênese*. Para ser espírita é preciso aceitar os princípios básicos do

espiritismo, mas não há a necessidade de realizar nenhuma espécie de culto, nem mesmo de frequentar o centro espírita. Os espíritas acreditam em um Deus único, em ciclos de reencarnação pelos quais os espíritos passam até chegarem à perfeição. As ações do homem, boas ou más, têm consequências nessa vida ou em outras. Além disso, é preciso amar o próximo como a irmãos.

**Hinduísmo** – Uma das religiões mais antigas do mundo, seus adeptos são chamados de hinduístas ou hindus. A maior concentração de hindus do mundo está na Índia. No hinduísmo, há quem acredite em muitos deuses, há quem acredite num único Deus e ainda há quem pense que Deus é todas as coisas. Para a maioria dos hindus, no entanto, Deus é um e ao mesmo tempo três: Brama, o criador; Vishnu, o protetor conservador, e Shiva, o destruidor (acredita-se que de tempos em tempos ele destrói o mundo para construir um novo em seu lugar). Trata-se de uma religião cujos princípios se baseiam na reencarnação das almas. Seus seguidores têm de esforçar-se para se libertarem das reencarnações, o que se consegue por meio da prática de boas ações, do estudo das orientações do hinduísmo, da oração e do culto a Deus, do abandono dos prazeres terrenos e da dedicação à meditação e aos exercícios espirituais.

**Igreja ortodoxa** – Igreja também cristã, existe há quase 2 mil anos. Seus fiéis são chamados de cristãos ortodoxos. Há várias Igrejas ortodoxas espalhadas pelo mundo, como a russa, a síria, a grega e a bizantina, todas independentes. Contudo, de acordo com os ortodoxos, quem as governa é Jesus Cristo, por intermédio do Espírito Santo. A *Bíblia*, considerada o registro escrito da revelação de Deus, também é um livro sagrado para os cristãos ortodoxos, embora, segundo eles, não contenha toda a Sua revelação. Deus, o supremo criador de todas as coisas, encarnou-se num corpo de homem, nascendo nesse mundo através de Maria pela intervenção do Espírito Santo, para salvar a todos os homens. Ressuscitou no terceiro dia após Sua morte e passou a morar à direita de Deus pai. Voltará para julgar os vivos e os mortos, num reino que não terá fim.

**Islamismo** – Religião com o maior número de seguidores no mundo. Seu profeta máximo é Maomé, que recebeu o *Alcorão* – a revelação definitiva da vontade de Deus – por meio do anjo Gabriel. O adepto do islamismo é chamado de muçulmano. A maioria deles se encontra em países da Ásia e da África. O *Alcorão*, o principal livro da religião islâmica, é considerado a obra-prima da literatura árabe. Nele está registrada a lei que os muçulmanos devem seguir. No islamismo, Deus é único e misericordioso, criador de todas as coisas. É cultuado e adorado através da oração, razão pela qual os muçulmanos rezam cinco vezes por dia. Seus valores essenciais são o amor, a indulgência, o perdão e a justiça. Os muçulmanos devem jejuar um mês por ano, e, se possível, uma vez na vida ir até Meca, a cidade sagrada. São divididos em dois grupos: sunitas e xiitas.

**Judaísmo** – Assim como o hinduísmo, o judaísmo é uma das religiões mais antigas do mundo. Abraão, seu fundador, inaugura a crença num só Deus – chamado de Iavé, Javé ou Jeová – e na devoção do povo a Ele. O Deus de Abraão não deveria ser esculpido nem adorado como imagem, pois era vivo e protegeria o povo que O seguisse. Suas leis foram entregues aos filhos de Abraão, o qual foi sucedido por seu filho Isaac. Jacó, o filho de Isaac, sucedeu ao pai e foi chamado por Deus de Israel. Os descendentes de Abraão multiplicaram-se e formaram um grande povo, cuja história está contada no Velho Testamento. É desse livro que os judeus retiram o fundamento da sua religião. O povo judeu foi escravo dos egípcios durante um longo período. Quem os libertou foi o profeta Moisés.

**Protestantismo** – O protestantismo nasceu com Martinho Lutero, monge católico que, insatisfeito com os abusos do catolicismo, resolveu protestar contra eles, desligou-se da igreja e fundou uma nova forma de cristianismo, o protestantismo. A *Bíblia* é a maior fonte dos princípios protestantes e de sua fé. Os adeptos do protestantismo também são chamados de evangélicos. O pastor, responsável por conduzir o culto, não usa roupas especiais e pode se casar. A única imagem que há nas igrejas evangélicas é a da cruz. Nos cultos sempre ocorre a leitura da *Bíblia*. Os protestantes devem doar parte de sua renda – o dízimo – para contribuir com a Igreja. A relação dos fiéis com Deus é direta, passa apenas pelo intermédio de Jesus. Evangélicos e protestantes se dividem em uma infinidade de Igrejas – a luterana, a presbiteriana, a batista, a adventista, as pentecostais e as neopentecostais. Todas partilham desses princípios básicos, mas apresentam diferenças no culto e em algumas práticas.

**Taoismo** – Religião chinesa fundada por Lao-Tsé, um homem sábio cuja vida é cercada de mistérios. Acredita-se que ele tenha tomado conta da imensa biblioteca de um rei. Durante os anos em que passou nessa biblioteca, Lao-Tsé adquiriu muitos conhecimentos sobre as coisas e a vida. Como as disputas e intrigas na corte do rei o entristeciam, abandonou a biblioteca para fazer uma longa viagem até a Índia e para alguns países do Ocidente. Em sua viagem, escreveu o *Tao-te-King*, o livro mais importante do taoismo. Com o tempo, seus ensinamentos se espalharam pela China, e o taoismo se tornou uma das religiões mais importantes do país. Para os taoistas, o melhor caminho é o da liberdade, da tolerância e da harmonia. Nessa longa caminhada o homem conhece muitas coisas e põe em prática a bondade existente no seu coração. Cada ser humano deve entrar em contato com o Absoluto que existe no Universo. A alma se realiza ao longo de várias vidas e, em seu percurso, deve se libertar do orgulho, da ambição e da cobiça, a fim de ter uma vida virtuosa. As três principais virtudes da alma são a humildade, o amor e a simplicidade, e elas podem ser alcançadas sem a orientação de um mestre ou professor. A meditação é fundamental, pois permite que cada um mergulhe dentro de si mesmo e assim atinja a paz interior. Segundo o taoismo, não é preciso ser taoista para viver dessa forma. Qualquer um pode fazê-lo, não importa a fé professada.

**Testemunhas de Jeová** – Movimento religioso nascido nos Estados Unidos, na década de 1970, liderado por Charles Taze Russell. Os testemunhas de Jeová se afirmam cristãos, e portanto seguidores do Cristo, mas não aceitam que Jesus seja Deus, como creem os cristãos católicos e protestantes. Por isso se chamam *unitaristas*, por não aceitarem a Trindade: Pai, Filho e Espírito Santo – Deus em três pessoas. Dizem-se adoradores de Jeová – o Deus bíblico, uno e único. Baseiam seus ensinamentos na *Bíblia* e fazem forte campanha de divulgação de suas ideias de porta em porta.

**Umbanda** – Religião formada no Brasil. Incorpora as ideias de quatro tradições: a espírita e a católica, bem como a dos cultos africanos e indígenas. Por isso os orixás do candomblé e os santos católicos se encontram reunidos na umbanda. Seus adeptos acreditam na comunicação dos espíritos por meio de médiuns, que vêm dar orientações aos vivos. Nas reuniões, as pessoas com doenças, com problemas ou dificuldades são atendidas por guias, pretos velhos, caboclos, baianos e ciganos. Seus rituais têm danças e músicas. Aqueles que se iniciam na umbanda devem passar por um tempo de estudos e aprimoramento. Os umbandistas devem exercitar os valores do amor, da bondade, da justiça, da calma, da humildade. Essa religião foi perseguida no Brasil pelos preconceitos que havia em relação à sua influência africana e indígena.